René de Lassus

EFFICACE ET ÉPANOUI PAR LA PNL

MARABOUT

A Jean-Pierre Stevens

Sommaire

Mise au point de l'auteur :

Le succès rencontré par les premières éditions de *La communication efficace par la PNL* (3510) m'a amené à proposer à Marabout ce guide d'initiation qui traite d'une manière volontairement synthétique l'ensemble des applications de cette extraordinaire discipline.

Avant-propos

A quelqu'un qui exprimait à Richard Bandler, l'un des fondateurs de la Programmation Neuro-Linguistique, le regret que le nom de la méthode évoque la notion de «contrôle du cerveau», celui-ci répondit : *«Oui, bien sûr. Si vous ne commencez pas à contrôler votre propre cerveau, vous laissez le hasard décider pour vous.»*[1]

PNL...

pour

• **Programmation :** parce que toutes nos compétences sont dues à des apprentissages (ce que nous savons faire, nous l'avons appris). Parce que ce savoir-faire est organisé en «programmes» dans notre cerveau. Des programmes que la PNL décode.

• **Neuro :** parce que ces programmes prennent appui sur nos cinq sens, et sur toute notre physiologie.

• **Linguistique :** parce qu'ils s'expriment par le langage verbal (mots) et non-verbal (gestes, attitudes).

---

1. Voir *Bibliographie*, p. 228.

Nous employons ces programmes tout autant pour confectionner une tarte aux pommes, pour apprendre quelque chose de nouveau, que dans le travail d'un vol spatial. Ils sont tout autant à l'œuvre dans un dîner d'amoureux que dans une négociation simple ou délicate, dans les actes les plus simples comme dans les plus complexes de notre vie.

Il est difficile de refréner le déluge de superlatifs qui vient à l'esprit de celui qui a découvert cette première véritable science du comportement humain. Je me limiterai donc à annoncer une véritable révolution dans les technologies pratiques pour réussir à **communiquer avec les autres**, et pour mettre en place (sans douleur) les changements pour **atteindre ce que l'on veut,** dans tous les domaines de la vie personnelle et professionnelle.

Deux présupposés communs aux techniques nouvelles de développement :

1. Un grand nombre d'humains sont assis sur une mine d'or, mais ne le savent pas : leurs **ressources personnelles**.

C'est à la rigueur de l'éducation ancienne, trop basée sur la dévalorisation, que beaucoup de plus de trente ans et – malheureusement – encore trop de jeunes gens, doivent de n'avoir pas confiance en leurs moyens, et donc de ne pas savoir suffisamment quelles énormes potentialités ils recèlent pour faire face à la vie et pour s'épanouir à leur juste mesure.

«Nous faisons tous du mieux que nous pouvons, avec nos sensations et notre degré de compréhension du moment», comme dit le Dr Carl Simonton.

2. Les *Gagnants* sont des personnes qui tirent davantage enseignement de leurs actes, plutôt que de les juger comme échecs.

Là où vous en êtes – dans votre vie – le seul jugement objectif que vous puissiez porter sur vous-mêmes, c'est de savoir que vous avez mené **au mieux** votre vie jusqu'à présent, compte tenu des conditions dans lesquelles vous avez grandi, des êtres que vous avez rencontrés, des connaissances dont vous avez bénéficié et de vos capacités actuelles. Ceci concerne votre passé et votre présent.

Tout ce qui peut arriver dans ce qu'il vous reste à vivre est à considérer comme relevant de **votre** développement, de **votre** évolution personnelle.

Le bon usage de la Programmation Neuro-Linguistique permet d'en faire un merveilleux outil d'évolution personnelle et un formidable outil de communication.

Ces présupposés (ces a priori positifs), communs à la PNL et à l'AT (Analyse Transactionnelle, une autre grande école d'évolution provenant des USA) sont tellement importants que je les reproduis en tête de chacun des ouvrages que Marabout m'a confiés.

LA PLUPART DU TEMPS, LES MOTS IMPRIMÉS EN CARACTÈRES GRAS APPARTIENNENT AU VOCABULAIRE DE LA PROGRAMMATION NEURO-LINGUISTIQUE.

Avertissement

> «Rien à propos de nos comportements n'est jamais permanent, si ce n'est notre conviction qu'ils le sont.»
>
> **Moshe Feldenkraïs**

Nombreux sont les psychothérapeutes et les spécialistes en développement personnel qui, dans les années 70-90, ont jugé bon de compléter leurs formations antérieures par celles que proposaient les écoles de psychologie de l'après-guerre, comme l'Analyse Transactionnelle, la Gestalt Therapy, l'approche Systémique (ou Ecole de Palo-Alto) et la Programmation Neuro-Linguistique.

Bien que différentes dans leurs approches de la réalité humaine – c'est généralement par l'organisation théorique qu'elles se distinguent les unes des autres –, elles partagent la vision optimiste et la démarche dynamique qui caractérise le Mouvement du Potentiel Humain, auquel elles se rattachent.

La PNL a profité des acquis et des expériences des écoles qui lui sont antérieures pour élaborer un outil conceptuel large et complet.

Pour sa part, bien qu'étant un outil d'évolution également très complet, l'Analyse Transactionnelle se caractérise davantage par la volonté de son concepteur d'être accessible au plus grand nombre, notamment par l'utilisation d'un vocabulaire simple et courant. Cette volonté méritoire n'a pas affecté les autres écoles auxquelles je fais allusion.

Sans doute soucieux de la reconnaissance de leurs pairs scientifiques, les fondateurs de la PNL semblent vouloir se démarquer de cette exigence cependant positive.

En accord avec la volonté vulgarisatrice – au sens noble du terme – de Marabout, j'ai tenté – tant que faire se peut – de rendre l'approche des concepts théoriques et des outils de la PNL la plus accessible possible. Ceci m'oblige d'une part à utiliser davantage d'exemples et de périphrases, rendant le livre volumineux. J'ai toutefois veillé à n'utiliser, hors des concepts propres à la PNL, et qui sont donc forcément longuement explicités, que des mots figurant dans Le Petit Larousse. Il n'empêche, d'autre part, qu'il me faille recommander une lecture plus soutenue de certains passages, de manière à assimiler les très intéressants apports de cette discipline. Walter Lübeck, auteur de *La Programmation Neuro-Linguistique Spirituelle*, estime quant à lui qu'*«il faudrait aujourd'hui vingt volumes pour présenter la PNL d'une manière complète»*.

Chapitre 1

LA PNL, C'EST QUOI?

«Je pense que l'humanité tirerait grand profit de la création d'une combinaison entre psychologie et neurologie.»

Arthur Koestler,
vers 1960

RECONSIDÉRER LE MOT «RÉUSSITE»

La grande découverte de la PNL, c'est que ce qui réussit n'est pas l'effet du hasard.

Que ce qui marche, ce qui fait que certains obtiennent ce qu'ils veulent dans la vie, n'est pas essentiellement une question de dons ou de pouvoirs exceptionnels, ni une question de chance ou de pouvoirs magiques, qu'il s'agisse de la préparation d'un couscous, de l'animation d'une conférence devant 2000 personnes, d'une négociation simple ou particulièrement délicate (dans la vie professionnelle comme dans la vie privée), de battre un record sportif, de bien interpréter Mozart, ou d'être heureux dans son existence.

Les fondateurs de la PNL ont découvert que là où beaucoup d'humains «réussissent», il y a utilisation judicieuse de leurs ressources personnelles. Qui ne sont pas employées n'importe comment, mais dans un certain ordre (ceci sera expliqué plus loin). C'est ce bon fonctionnement qu'ils ont analysé «bien plus qu'à la loupe» (expliqué ci-dessous), qu'ils ont décodé de manière à ce que chacun puisse le reproduire, en utilisant ses propres ressources. Pour aller mieux, pour changer, pour apprendre des choses nouvelles, pour réussir à atteindre ce que l'on s'est fixé comme but ou objectif (personnel ou professionnel).

Comme c'est à la fois plus simple pour notre explication – et que cela correspond au chemin parcouru par les fondateurs de la PNL –, nous allons d'abord suivre l'histoire –, en passe de devenir légendaire – de la naissance de cette discipline.

Donner plus d'importance à ce que font ceux qui réussissent

C'est dans le début des années 70 que deux docteurs en psychologie, qui sont aussi linguiste (John Grinder) et cybernéticien (Richard Bandler), décident d'unir leurs efforts pour déceler comment agissent les intervenants «exceptionnels».

A la question : *« Qu'est-ce qui fait que certains intervenants atteignent des résultats exceptionnels, rapides et durables? »*, ils ne sont pas satisfaits des réponses traditionnelles : « Ce sont des gens doués, des magiciens! »

Ils décident de mieux comprendre ce qui se passe avec ces gens-là : et pour cela, ils vont analyser à la loupe (la PNL remplace cette expression par l'anglicisme **éliciter**) **ce que font** réellement ceux qui réussissent plutôt que d'écouter « ce qu'ils disent faire ». Et là, la surprise va être de taille !

Ils constituent des équipes de chercheurs qui enregistrent des centaines d'heures de vidéo de pratique de thérapeutes exceptionnels comme Virginia Satir, Milton Erickson et Frédéric Perls.

Sous leur direction, leur « élicitation » comprend la vision et la re-vision multipliée, très fine, le décorticage poussé des mots utilisés, des moindres soupirs, des moindres gestes, des regards, des variations infimes dans la pigmentation de la peau, des mouvements des yeux des personnes en présence.

Le fruit de leurs observations, petit à petit, constitue un énorme bagage à partir duquel ils vont jeter les bases de la PNL.

A partir de ces observations, ils créent des **modèles reproductibles** (la notion la plus proche de « modèle » est celle d'un « mode d'emploi »[1] bien élaboré, étape par étape), c'est-à-dire suffisamment précis et progressifs pour que chacun puisse reproduire ces manières d'agir de façon à atteindre les mêmes résultats.

Autre grande découverte dans le domaine de la psychothérapie (nous verrons que la PNL a beaucoup évolué et s'est ouverte à bien d'autres domaines que celui qui fut son champ d'investigation de départ) : il n'est pas indis-

1. Une notion qu'il est bien intéressant d'appliquer aux comportements humains !

pensable de se plonger dans les affres des souvenirs douloureux!

Ce travail d'analyse fine va d'ailleurs surprendre les communicateurs observés, qui déclareront plus d'une fois: *« Je ne savais pas que je faisais cela! »*

Et les enregistrements vidéo font, pratiquement, entrer le monde des sciences humaines dans celui des sciences dites exactes – puisqu'il permet l'analyse, l'observation reproductible à l'envi, l'analyse de **micro-comportements** (c'est-à-dire d'aspects très détaillés des comportements, tels que les mouvements des yeux, le changement de couleur de la peau, les tons et rythmes de voix, etc.). Ce qu'ils découvrent est parfois subjuguant, toujours intéressant.

Très rapidement, ils montrent que ce qui a été fait avec des psychothérapeutes peut être adapté à d'autres communicateurs, dans le monde de la vente, des présentateurs, des conférenciers, des relations professionnelles... Et bientôt, à tous les aspects de la vie dans lesquels la notion de réussite optimale (c'est-à-dire où le rapport *coût énergétique/résultat* est le plus satisfaisant) est recevable. C'est-à-dire, à pratiquement tous les aspects de la vie personnelle, sociale, sportive, éducative et professionnelle.

Petit à petit s'édifie une véritable technologie de la réussite, autour de réalités aussi concrètes que la résolution des problèmes quotidiens, le traitement de la boulimie, des petites et des grandes phobies (qui n'en a pas?), l'insomnie, l'anxiété (qui n'en a pas?), des comportements parasites comme la jalousie et le manque de confiance en soi.

Réussir ce qu'on fait d'une manière optimale , voilà ce que la PNL va appeler l'**excellence**.

La nécessaire reconsidération du mot « réussite »

L'héritage judéo-chrétien – présent dans l'éducation des Européens et des Nord-Américains – a rendu le mot « réussite » équivoque.

Nombreux sont encore ceux que l'emploi de ce mot « réussite », associé à la vie personnelle, dérange.

Qu'ils sachent que la PNL considère que – presque – tout est à réussir : se lever le matin, cuire un œuf, embrasser ses enfants, acheter un journal, traverser la rue, discuter d'un lieu de week-end, tout autant que faire l'amour, bien vivre en célibataire, obtenir un emploi, vendre des aspirateurs, réaliser une opération technique, réussir ses relations avec les autres et avec la vie, ou négocier la fin d'un conflit armé.

Transformer les ressources en talents

Tous, nous naissons riches de potentialités. Ce sont les ressources que chacun possède en venant au monde, quel que soit son sexe, son lieu de naissance ou sa race.

Ces ressources devraient permettre à chacun d'atteindre, de réaliser, dans l'existence, ses « objectifs » personnels.

D'atteindre sa conception de réussite : que ce soit de devenir une personne appréciée des autres ; d'être actif – dans la vie professionnelle et personnelle – avec compétence ; de réussir sa vie de partenaire ou/et de parent...

Ces ressources sont là, présentes, chez chacun. Elles ne demandent qu'à être développées, épanouies. Ce qui devrait être le rôle – en un premier temps – de la cellule familiale, aidante par son amour et son éducation structurante; ce qui devrait – ensuite – être celui des institutions d'éducation.

«Mais moi, je n'ai pas eu de milieu familial aimant, structurant, comme vous dites... Et les écoles que j'ai fréquentées me semblaient être avant tout des usines à concours...»

A ces objections, je me permettrai de répondre deux choses :

Premièrement : je crois que si vous allez jusqu'au bout de votre raisonnement, nous finirons par nous rejoindre sur ces conditions souhaitables.

Deuxièmement : la bonne nouvelle, c'est que les découvertes de la PNL – découvertes que les milieux académiques mettront sans doute une génération à intégrer – font apparaître qu'une très grande part de nos ressources personnelles restent présentes, tout au long de notre vie, et qu'*il suffit* de décider de les activer pour qu'elles se transforment en talents et en compétences. J'ai volontairement écrit *« il suffit »* en lettres italiques, parce que je sais que c'est là que les sceptiques («Ceux à qui on ne la fait pas! ») m'attendent.

Le scepticisme est une grande qualité. C'est une ressource, souvent devenue talent, chez la plupart de nos contemporains. C'est lui qui nous protège, nous empêche de foncer « tête baissée »... C'est une marque de notre intelligence. Mais c'est un poison quand il devient attitude préalable à toute perspective d'évolution, donc de changement.

Les fondateurs de la PNL sont précis sur ce point : transformer les ressources qui « dorment » parfois en nous depuis des années, ça se décide un beau matin et cela demande aussi, bien sûr, du travail personnel et de la persévérance, mais l'essentiel à savoir – surtout en ces temps où la morosité a pignon sur rue – c'est de savoir que nos ressources sont toujours prêtes à être transformées en talents accomplis. Et qu'il suffit de les mettre en route.

Et ça, c'est une décision aussi simple à prendre... que de se lever le matin. (Ceci ne s'adresse donc qu'à ceux qui peuvent se lever le matin.)

LES SOURCES DE LA PNL

Il n'est absolument pas nécessaire
de connaître les disciplines citées
pour comprendre la PNL !

Bandler et Grinder ont fait bénéficier leur jeune discipline des apports de toute une série de domaines qu'ils ont explorés; et plus particulièrement :

Psychologie :

- Freud et la psychanalyse.
- Pavlov et les « stimulus-réponse ».
- Miller, Galanter, Pribam et leur modèle « T.O.T.E. ».
- Maslow et la théorie des besoins humains.
- C. Rodgers et la congruence, l'empathie.
- F. Perls et la Gestalt Therapy.
- V. Satir et les Thérapies familiales.
- M. Erickson et ses modèles puissants, dont l'hypnose éricksonnienne.
- E. Berne (AT) et les Etats du Moi.
- Le Mouvement du Potentiel humain.
- L'Ecole de Palo Alto.

Neurologie :

- Les systèmes de perception.
- Les systèmes de représentation.
- Les ancrages.

Linguistique :

- N. Chomsky et les structures profondes et de surface.
- A. Korzybski et la Sémantique Générale (Carte du Monde).

Mathématiques :

- La cybernétique.
- L'informatique.
- Les notions de modèles et de feed-back.

Apports divers :

- Kepner-Treggoe (techniques de résolutions de problèmes).
- Méthode Coué.
- Techniques de créativité.
- Philosophies classiques et orientales.

LA RÉORGANISATION FERTILE DE CES DONNÉES +
APPORTS ORIGINAUX
= PROGRAMMATION NEURO-LINGUISTIQUE

APPLICATIONS

Toutes stratégies de communication et d'excellence dans :

- la **vie quotidienne**
- la **psychothérapie**
- l'**enseignement**
- la **vie professionnelle**
- les **négociations**
- l'**organisation**

LA PHILOSOPHIE DE LA PNL

Comme la plupart des écoles de psychologie du Mouvement du Potentiel humain, la PNL s'appuie sur un certain nombre de **présupposés** (des hypothèses de départ, généralement confortées par l'expérience) marqués par des considérations positives sur l'être humain et ses possibilités. En voici la liste :

1. Chacun de nous a, dans la tête, non pas la réalité, mais une carte de la réalité – en PNL, on dit **Carte du Monde** (c'est le sujet du chapitre 2, p. 33).

Nous captons et traitons les informations venant du monde avec nos sens. Mais comme disait Korzybski, *« la carte n'est pas le territoire »* !

Or, nous n'agissons pas en fonction de la réalité, mais en fonction des représentations de la réalité que nous avons dans la tête (en fonction de notre Carte du Monde). Cependant, nous pouvons enrichir cette Carte du Monde quasi indéfiniment.

2. On ne peut pas ne pas communiquer. Même le silence a une signification, la communication finit toujours par s'établir.

3. Tout comportement a une fonction positive pour celui qui l'engage. Le comportement d'une personne, c'est toujours ce qui lui paraît le meilleur choix possible, au moment où elle le fait.

Si un comportement « dérange » l'entourage, il s'agit alors de traiter un problème de communication, afin de trouver une solution satisfaisante pour les personnes concernées.

Plus une personne dispose de choix pour organiser sa vie et ses comportements, plus sa vie se déroulera sans heurts et de manière satisfaisante.

4. Chacun possède en lui les ressources pour effectuer les changements qu'il désire et atteindre ses objectifs.

Les personnes malheureuses et malades utilisent également ces ressources, sans parvenir à répondre à la totalité de leurs besoins.

Pour faire face aux problèmes de l'existence, elles doivent seulement apprendre à utiliser leurs ressources de manière plus adéquate.

5. L'inconscient est un immense réservoir de ressources.

6. Nous faire comprendre dépend de notre manière de communiquer. Si nous n'y parvenons pas bien, c'est à nous d'adapter notre manière de communiquer. La résistance de l'interlocuteur est une indication pour le communicateur, selon lequel il aurait intérêt à communiquer autrement.

7. Les problèmes sont plus faciles à gérer quand on les fractionne.

8. Il n'y a pas d'échecs, il n'y a que des résultats. Ce qui est traditionnellement appelé « échec » est davantage une mauvaise adaptation des ressources qu'un manque de ressources ou de volonté.

Le concept d'*échec* appartient au monde des jugements.

Celui de *résultat* est dynamique, parce que si l'on n'est pas satisfait d'un résultat, on peut reconsidérer les actions qui l'ont produit.

9. Plus une personne s'informe, plus elle accumule d'éléments utiles à ses réussites.

10. Chaque personnalité comprend plusieurs facettes (plusieurs parties). Plus une personne en tient compte, plus elle a de chances de satisfaire ses désirs.

11. Plus une personne assume la responsabilité de ses actes, plus elle devient libre.

12. Le véritable succès, c'est d'être heureux et de répandre le bonheur autour de soi.

13. Ce qu'une personne peut faire, chacun peut apprendre à le faire.

LES NIVEAUX LOGIQUES DE CHANGEMENT ET DE PRÉOCCUPATION

Robert Dilts, neurologue, est – à côté de Bandler et Grinder – le 3e pilier de la PNL. A partir des travaux de G. Bateson[1], il a élaboré l'outil d'analyse de fonctionnement de changement et de préoccupation de la personne, qui a nom les niveaux logiques.

Cet outil, parallèle et complémentaire à l'échelle des besoins de Maslow[2], se présente sous la forme de deux pyramides opposées. On ne peut agir convenablement à un niveau sans avoir traité le niveau inférieur.

1. Voir *Bibliographie*, p. 228.
2. Voir *A la Découverte de Soi*, p. 54.

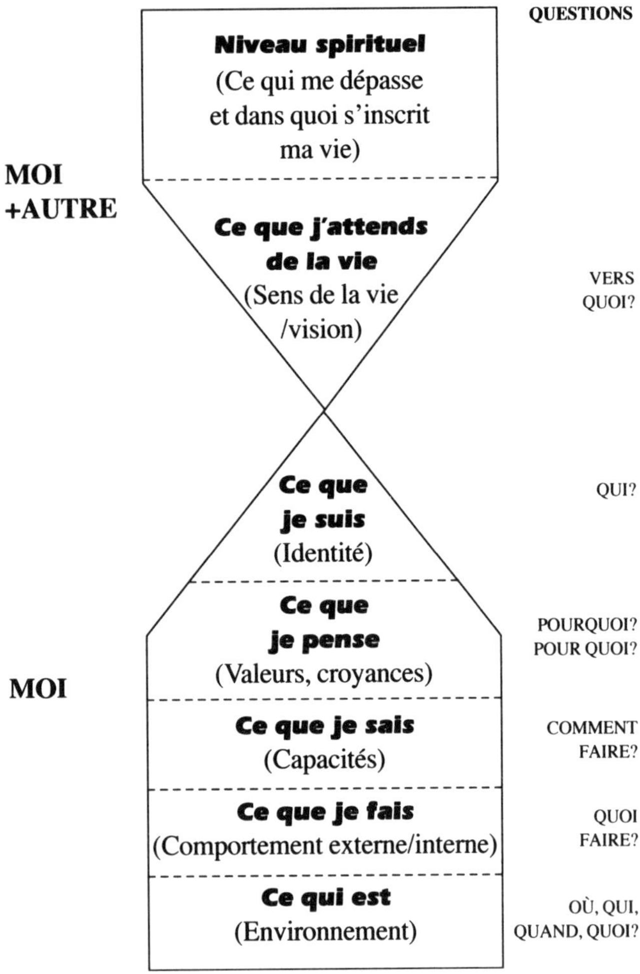
QUESTIONS
Niveau spirituel
(Ce qui me dépasse
et dans quoi s'inscrit
ma vie)
MOI
+AUTRE
Ce que j'attends
de la vie
(Sens de la vie
/vision)
VERS
QUOI?
Ce que
je suis
(Identité)
QUI?
Ce que
je pense
(Valeurs, croyances)
POURQUOI?
POUR QUOI?
MOI
Ce que je sais
(Capacités)
COMMENT
FAIRE?
Ce que je fais
(Comportement externe/interne)
QUOI
FAIRE?
Ce qui est
(Environnement)
OÙ, QUI,
QUAND, QUOI?

Exemple d'application de cette grille

Il est fréquent que des gens fassent des amalgames entre le niveau 5 et le niveau 3 : or, ce n'est pas parce que quelqu'un rate plusieurs fois quelque chose (niveau des capacités mises en œuvre) qu'il EST un incapable (niveau d'identité) !

LA PROGRAMMATION NEURO-LINGUISTIQUE (PNL) DÉFINITION

La PNL traite des structures fines de l'expérience subjective. Comment utilisons-nous nos ressources pour réussir?

Nous utilisons nos ressources :
- connaissances,
- systèmes sensoriels,
- langage,
- énergies,
- souvenirs,
- mémoire,
- imagination,
- sensations,
- méthodes,
- réflexion,

– humour,
– processus décisionnels,
– capacités communicatives,
– gammes d'expression,
– capacité d'oubli,
– etc.

en les agençant mentalement en séquences:
– opérations,
– connexions neurologiques.

de représentations sensorielles
qui peuvent être : – visuelles,
– auditives,
– kinesthésiques,
– olfactives.

Ces séquences forment des STRATÉGIES (voir chapitre 3) permettant de passer d'un Etat présent à un Etat Désiré.

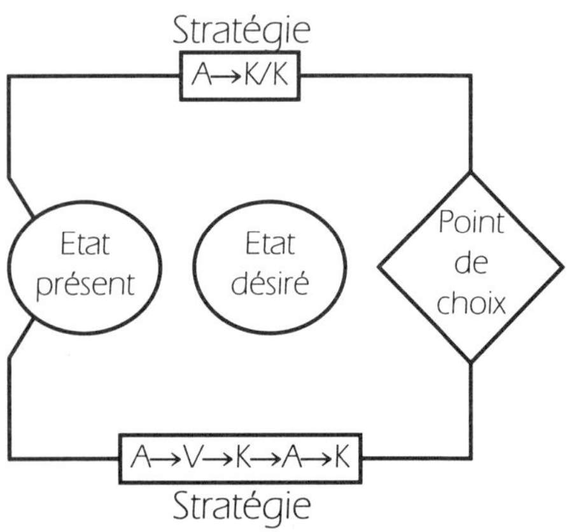

Tous les actes de la vie sont fondés sur des stratégies. Nous disposons de stratégies fixées (notre programmation, qui est limitative). La PNL permet de développer de nombreuses stratégies nouvelles pour atteindre un objectif ambitieux :

L'EXCELLENCE
(la performance optimale)

dans *tous* nos comportements (personnels, professionnels, communicationnels).

LA PLUPART DES GENS DISPOSENT D'UNE GAMME ÉTROITE DE STRATÉGIES POUR AGIR DANS L'EXISTENCE. LA PNL PROPOSE DE L'ÉLARGIR AMPLEMENT.

Conventions de vocabulaire

Toute discipline fait un usage particulier du vocabulaire. C'est dire que des mots ou des expressions courantes prennent un sens légèrement ou assez différent de leur usage courant : voir le *Glossaire*, p. 209.

UNE DISCIPLINE ÉVOLUTIVE

Les fondateurs de la PNL ont insufflé à leur mouvement un esprit évolutif, qu'ils souhaitent voir se développer encore.

Cet ouvrage est présenté dans le sens des découvertes de la PNL : par un aperçu des théories, tout d'abord; un aperçu des applications en matière de communication, ensuite; et enfin, des applications dans le changement et la réussite personnels.

La PNL arrive à point nommé pour aider tous ceux qui, comme moi, ont choisi de se montrer davantage sensibles aux témoignages si nombreux du génie, du charme et des riches potentialités humaines, plutôt qu'à la somme (certes importante) des « ratés » de ce même animal à quatre pattes qui a nom « homme ».

Elle vient à point pour « réveiller » ceux qui perçoivent clairement (ou occasionnellement) l'énorme potentiel qui, parfois – et même trop souvent – « dort » en chacun de nous.

Chapitre 2

DIS-MOI QUELLE EST TA CARTE DU MONDE...

... **J**e te dirai qui tu es !

« Nous lisons la carte, et nous croyons ainsi lire l'ordre du monde. Mais la carte n'est pas le terrain, elle n'est qu'une construction de notre esprit. Rien ne nous garantit que la carte soit exacte. »

Umberto Eco,
Le Nom de la Rose.

« Nous voyons les choses telles que notre tête les peint. Il faut donc connaître cette tête. »

Stendhal.

Au XIIIe siècle, un homme demande à trois ouvriers : « Que faites-vous ?
– Je creuse un trou, répond le premier.
– Je gagne mon pain, répond le deuxième.
– Je bâtis une cathédrale, répond le troisième. »

Même si, sur le plan strictement oculaire, nous avons une vision considérée comme excellente par les ophtalmologues les plus compétents, tous nous nous déplaçons dans la vie – nous percevons l'existence – comme si nous portions notre « paire de lunettes mentales ».

De bonne foi, nous croyons être capables de « percevoir », « d'appréhender » la Réalité *« telle qu'elle est »* ! Certains se « disputent » d'ailleurs plus ou moins souvent au sujet de *leur* « juste perception » et de la « mauvaise foi » évidente de *l'autre*... parfois jusqu'au crime, ou la guerre !

Est-ce à dire que, tout comme dans l'œuvre de Ionesco, nous percevons un objet « rouge » que notre voisin verrait « vert », alors qu'une vision objective absolue le définirait « jaune » ? C'est un peu ça, mais un peu seulement.

Chacun est convaincu – et souvent de très bonne foi – que c'est lui qui détient la perception juste.

Généralement, c'est sur des questions subtiles que les avis divergent, mais avec bien souvent autant de divergences que dans l'exemple décrit ci-dessus.

D'où provient ce grand malentendu ? Essentiellement, de ce qu'il est difficile pour les humains d'admettre que la réalité ne se laisse pas facilement « cerner » par le mental de l'homme, et – par conséquent – que le langage est impropre à en décrire les nombreux aspects.

Sans doute est-ce cependant avec une certaine réussite que les hommes parviennent à décrire les aspects assez concrets de la réalité quotidienne. Mais, dès qu'on s'éloigne un peu de la réalité pratique, les choses se compliquent.

Parler de pain, de beurre, de moyens de subsistance peut se faire sans trop de quiproquos.

Mais il n'en est plus de même dès qu'il est question de ce que moi, j'aime, je ressens ou je désire, ou de mes intentions.

Pour comprendre la « Grammaire » de la PNL, précisons maintenant :

COMMENT SE CONSTRUIT NOTRE « CARTE DU MONDE »

Ce chapitre est le plus complexe de ce livre. C'est pourquoi je vous invite à prendre maintenant connaissance du tableau de la page 38.

◆ CE SIGNE EST UTILISÉ CHAQUE FOIS QU'UN CONCEPT DÉCRIT SE RAPPORTE À CE TABLEAU.

Il y a autant de façons...

- de respirer une rose
- d'apprécier un coucher de soleil
- d'écouter une musique
- de chanter
- de souffrir
- de savourer un mets fin
- de goûter un nectar délicat
- de faire l'amour
- de regarder un spectacle
- de pleurer un être cher
- de réfléchir à l'origine de la vie
- d'aborder et de résoudre un problème
- de vivre la douceur du temps
- d'apprécier la caresse du soleil
- de concevoir une soirée amicale
- de jouer ou pratiquer un sport
- de faire la grasse matinée

- de choisir des vacances
- de lire un livre
- de toucher quelqu'un
- de bercer un bébé
- dc concevoir son travail
- de s'occuper de son âme
- de choisir ce qui est important
- de lire un poème
- de prendre quelqu'un dans ses bras
- de concevoir la justice
- de faire un choix politique
- de créer ou apprécier une œuvre artistique
- de juger un comportement
- de communiquer avec les autres
- d'exprimer ses sentiments
- d'exprimer un désaccord
- de concevoir la bonne marche d'un état
- d'exprimer de l'amour

…qu'il y a d'humains sur terre

CARTE DU MONDE

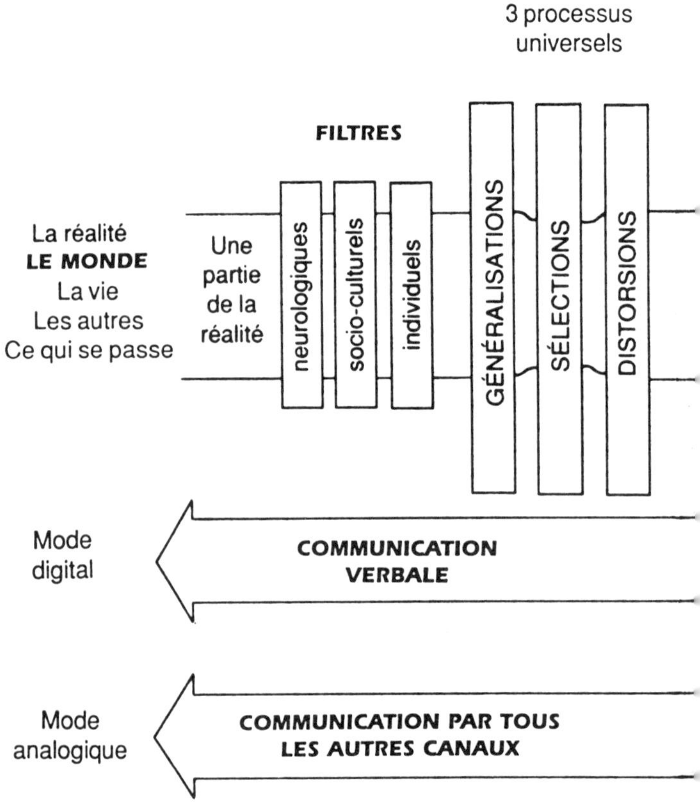

L'idée qu'on se fait de la réalité n'est pas la réalité ("La carte n'est pas le territoire" A. Korzybski).

ET COMMUNICATION

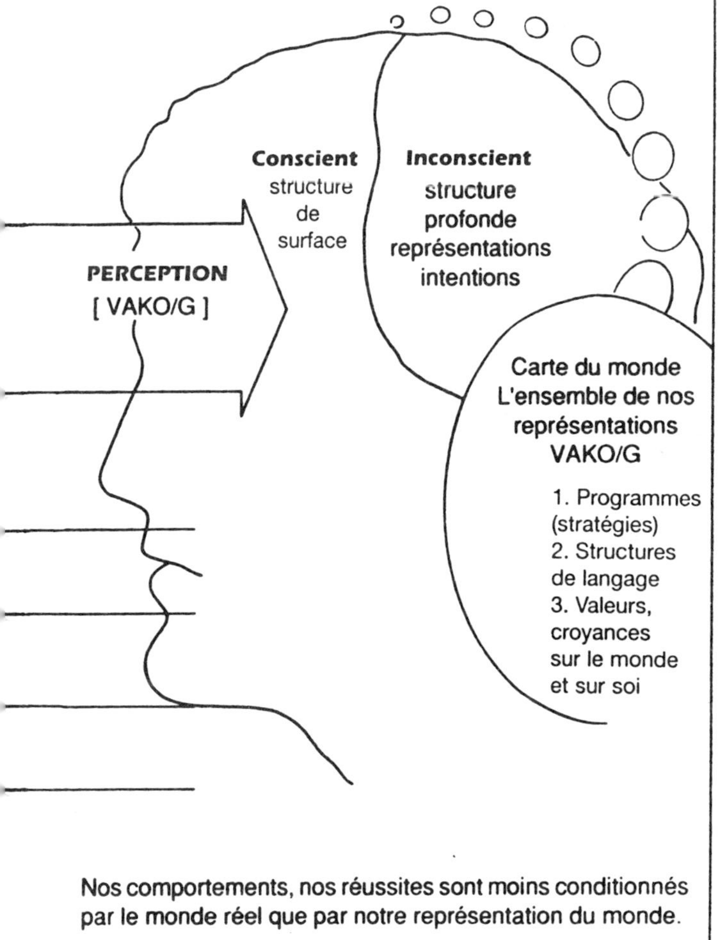

Nos comportements, nos réussites sont moins conditionnés par le monde réel que par notre représentation du monde.

(Réalisé avec l'aide de Gene Early.)

Nous allons nous intéresser successivement à chacun des éléments représentés sur ce tableau, à savoir :

- les intentions,
- les représentations,
- les perceptions VAKO/G ou perceptions sensorielles,
- les informations que nous captons,
- les filtres,
- les processus universels,
- les structures de langage,
- la structure profonde et la structure de surface,
- les programmes,
- les stratégies,
- à l'origine des stratégies, le modèle Tote,
- les valeurs et croyances,
- la communication verbale,
- la communication par les autres canaux.

1. LES INTENTIONS

C'est notre cerveau qui est le siège principal de l'organisation de notre vie. C'est lui qui « capte » les désirs, les besoins physiologiques et les transforme en ***intentions***.

2. LES REPRÉSENTATIONS

Mais le cerveau de chaque individu, en plus de s'occuper à satisfaire ses besoins, « contient » surtout des « éléments » multiples avec lesquels il va pouvoir organiser sa vie.

Dans notre découverte de ces éléments, nous nous intéresserons tout d'abord à ce qu'on nomme nos ***représentations***.

Tout se passe, avons-nous dit, comme si chaque individu sur terre avait dans la tête ce que la PNL appelle sa *« Carte du Monde »*.

Pourquoi parler de « Carte »?

Parce que tout comme une carte de Paris ***n'est pas*** Paris, mais une ***représentation*** de cette ville, la « Carte du Monde » – ce que nous avons dans la tête – n'est pas la réalité, mais des représentations de la réalité.

Des représentations qui se sont « construites » d'après notre histoire personnelle, d'après les conditions de vie, l'époque, le milieu dans lequel nous avons grandi.

Pour traduire la diversité que cela produit :

> ⇨ Il suffit de considérer ce qu'un bon repas signifie pour un habitant d'une région défavorisée ou pour un homme d'affaires...

Et, de fait, il en est ainsi pour les millions d'informations en rapport avec le monde extérieur. Auxquelles il faut ajouter les millions d'informations relatives à notre tête elle-même (le traitement de nos désirs et de nos besoins physiologiques).

Pratiquement tous les habitants de la terre sont capables de réflexion sur soi ainsi que de prise de conscience.

Se nourrissant aux sciences cognitives – et en particulier aux sciences bioneurologiques –, la PNL a tiré un profit énorme de la synthèse de ces sciences appliquées dans ces champs d'action (voir chapitre 5).

◆ 3. LES PERCEPTIONS VAKO/G OU PERCEPTIONS SENSORIELLES

Qui concernent ce qui est extérieur à notre personne...

Autrement dit, tout ce que nous avons dans la tête ne peut y avoir « pénétré » que par nos yeux, notre nez, nos oreilles, notre peau, notre bouche.

... et ce qui est interne

Les informations qui concernent notre corps, nos désirs, nos besoins et nos intentions « transitent » généralement par un ensemble de sensations physiques internes subtiles, que la PNL appelle les *sensations kinesthésiques*. Il s'agit du vaste ensemble des sensations agréables ou désagréables, généralement exprimées par des mots se rapportant à notre corps, qui tiennent un rôle important dans nos expériences – et donc, dans la construction de nos représentations des choses – donc dans la construction de notre Carte du Monde.

> ➜ « Je me sens lourd (ou tout léger) » ; « Je me sens plein de dynamisme (ou sans) » ; « Je me sens ouvert (ou fermé) à ce genre de chose » ; « J'éprouve une sensation de bien-être (ou de malaise) »...

Dès la naissance – et jusqu'au jour de notre mort –, nous sommes « en relation » avec ce qui nous entoure, avec les autres, avec le monde, avec la vie. Cette relation entre « ce qui est » extérieur à nous et nous-mêmes passe obligatoirement par nos sens.

- **Par nos yeux**, pour tout ce que nous voyons, c'est la perception visuelle, que la PNL codifie **V**.
- **Par nos oreilles et notre bouche** (pour les sons que nous émettons), c'est la perception auditive, codifiée **A**.
- **Par le nez,** c'est la perception des senteurs, ou perception olfactive, codifiée **O**.
- **Par la langue,** c'est la perception gustative, codifiée **G**.
- **Par le toucher** et par les sensations que nous ressentons de l'intérieur, et les gestes et attitudes physiques

de notre propre corps, c'est la perception kinesthésique, codifiée **K**.

Chacune de ces perceptions est très importante, dans notre vie.

Notre civilisation occidentale ayant moins développé que d'autres les systèmes de perception olfactive et gustative, il est d'usage en PNL de parler globalement de nos systèmes de perception VAKO/G (O pour Olfactif, G pour Gustatif).

C'est donc l'ensemble des perceptions sensorielles VAKO/G qui fournissent les éléments premiers (les « matériaux de base ») avec lesquels nous allons construire notre Carte du Monde.

*

Rappelons que ce ne sont pas des tables, des voitures, Pierre et Paul, le monde et la vie qui sont « à l'intérieur » de nos têtes, mais des représentations de ces « choses »[1] que nous avons en tête.

Mais ces représentations ne s'y entassent pas n'importe comment.

Chacun organise les informations en les évaluant en fonction de ce qu'il a appris et expérimenté. On dira qu'il

1. Ceci s'inscrit dans la continuité des travaux de Korzybski – le père de la Sémantique Générale – qui nous dit : « La carte n'est pas le territoire » – une carte de France n'est pas la France, mais seulement une re-présentation.

organise, qu'il structure les représentations de sa Carte du Monde en systèmes de représentation.

Chaque personne construit son expérience d'elle-même, des autres et du monde d'une manière qui lui est particulière, de même qu'elle exprime sa Carte du Monde d'une façon bien unique (par son langage et ses différentes manières d'être).

Il y a donc sur cette planète six milliards de Cartes du Monde[1].

Chacun possède un système de représentation dominant.

Observez les gens autour de vous et vous constaterez que leur façon d'être est souvent « marquée » par un seul ou deux systèmes de représentation dominants.

> ⇨ Albert s'exprime principalement au travers de son système kinesthésique. Il fait beaucoup de gestes et emploie beaucoup d'expressions comme : « C'est dur, c'est pesant ! », « Je n'en sors pas ! », « Ça me donne froid dans le dos », « C'est percutant », etc.

1. C'est ce qui fait dire aux « grands prêtres » de l'incommunicabilité que la Terre est une tour de Babel, un monde de mondes séparés. Heureusement, il y a des gens qui inventent des méthodes comme la PNL, l'Analyse Transactionnelle, l'Affirmation de soi, etc.

➩ Luc, pour sa part, est un grand bavard chez qui prédomine le système auditif. Ses propos sont étayés de :
« Ça ne me dit rien », « Cette chose-là va faire du bruit », « Ce serait plus harmonieux », « Je me suis fait sonner les choches ».

➩ Quant à Anne, dont le système visuel est dominant, son langage est plein de « C'est clair », « Je vois bien ce dont il s'agit », « C'est une bonne perspective »...

Les mots (et surtout les prédicats, voir chapitre 5) et les gestes que nous faisons indiquent continuellement quel système de représentation nous utilisons au moment où nous nous exprimons.

Chacun de nous a, en général, un ou deux systèmes de représentation dominants.

*

C'EST DONC À TRAVERS NOS « SENS »
QUE NOUS NOUS PERCEVONS TOUT D'ABORD
NOUS-MÊME, PUIS LES AUTRES AINSI QUE
LE MONDE QUI NOUS ENTOURE.
CONSTATONS CEPENDANT QUE :

◆ 4. LES INFORMATIONS QUE NOUS CAPTONS

Ce sont des informations que nous captons, provenant du monde, de la vie et des autres.

Une sensation de chaleur produite par la caresse du soleil sur notre peau est une perception d'information, de même que les messages qui proviennent des autres.

C'est un progrès non négligeable pour l'évolution humaine que de prendre conscience de ce que ce sont bel et bien des informations que nous captons et échangeons avec le monde – même l'odeur d'une rose est décryptée et transmise sous forme d'informations neurologiques à certaines zones de notre cerveau.

◆ 5. LES FILTRES

Ce n'est qu'une partie du monde que nous rencontrons.

Il y a toutes sortes de filtres qui s'interposent avec « ce que nous pourrions capter », de sorte qu'entre la réalité et les représentations que nous en avons, existent de nombreuses transformations.

• **Nos limites neurologiques** personnelles agissent comme un premier filtre vis-à-vis de toute la réalité du monde.

Parce que, forcément, nous ne pouvons être partout à la fois, tout percevoir, tout entendre, tout éprouver (ou ressentir).

• **Un filtre socio-culturel** est produit par l'époque, les lieux et les milieux que nous rencontrons.
Nous ne rencontrons que ce que notre époque et les milieux dans lesquels nous évoluons nous proposent.

• Ce qui se passe dans notre vie (c'est-à-dire les événements) affecte (c'est-à-dire produit des sentiments positifs ou négatifs) et impressionne (c'est-à-dire donne un « ton », une « couleur ») notre Carte du Monde. **Ce sont les filtres individuels.**

◆ 6. LES PROCESSUS UNIVERSELS

Trois processus, à la fois nécessaires et déformateurs, vont encore « modeler » ce qui « entre » dans la tête de chacun. Ils sont dits universels parce qu'on les rencontre chez tous les hommes. Ce sont les suivants :

La généralisation

La généralisation est un processus de fonctionnement du cerveau très utile. C'est celui par lequel nous pouvons créer des concepts (le concept « table » se crée après avoir vu quelques tables. Il n'est pas nécessaire de voir toutes les tables du monde pour cela). C'est son côté positif.

Par contre, s'il est bien utile de savoir que les Andins ont des caractéristiques communes, je peux risquer d'attribuer des caractéristiques communes à Jorge Moreira et Juan Valdes, perdant de vue ce qui les différencie. C'est le côté limitatif.

La distorsion

La distorsion nous fait transformer la réalité. Si nous prenons un signal « Stop » pour un autre, les conséquences peuvent être graves. C'est le côté négatif. Par contre, pouvoir imaginer une belle maison sur un terrain vide, c'est un exemple de la qualité positive de la distorsion.

La sélection

C'est le processus qui permet de conserver certains aspects de notre expérience et d'en éliminer d'autres, réalisant une « économie » précieuse pour notre mémoire.

Exemple : en sortant du concert, on ne sait plus quelle était la couleur des fauteuils.

Notons que 80 % des humains ne sont pas très conscients de ce qu'ils sélectionnent.

◆ TOUT CE QUE NOUS AVONS VU JUSQU'ICI CONSTRUIT, ALIMENTE NOTRE CARTE DU MONDE. D'OÙ LA MENTION QUI SE TROUVE À DROITE SUR LE SCHÉMA :

Carte du Monde = L'ensemble de nos représentations VAKO/G

\+ 1. PROGRAMMES (STRATÉGIES)
2. STRUCTURES DE LANGAGE
3. VALEURS, CROYANCES SUR LE MONDE ET SUR SOI

7. LES STRUCTURES DE LANGAGE

Juste un petit mot des structures de langage : les apports de la PNL sur le langage sont tellement importants dans le domaine de la communication que cet aspect de notre Carte du Monde sera développé dans le chapitre 5.

La psychologie a, depuis longtemps, fait état des difficultés engendrées par les imperfections (notamment les limites) du langage humain.

8. STRUCTURE PROFONDE ET STRUCTURE DE SURFACE

La PNL a tiré un grand profit des travaux de Noam Chomsky, père de la grammaire transformationnelle, laquelle distingue deux niveaux de langage représentant successivement la représentation linguistique complète qu'une personne fait de son expérience (structure profonde), et l'énoncé qu'elle en donne (structure de surface).

L'un des outils les plus puissants de la PNL appliqué à la communication, le méta-modèle, est, précisément, un outil de repérage et de restitution des limites du langage (présenté dans le chapitre 5) qui vise à découvrir la structure profonde d'un message.

Ces notions se distinguent de celles de Conscient et d'Inconscient, même si elles se recouvrent assez souvent, c'est-à-dire que la structure profonde est généralement moins accessible à la conscience que la structure de surface.

◆ NOUS ALLONS MAINTENANT NOUS INTÉRESSER AUX DEUX CONCEPTS PARMI LES PLUS RICHES DE LA PNL : LES PROGRAMMES ET LES STRATÉGIES.

9. LES PROGRAMMES

La fonction des programmes, c'est de nous servir de « modes d'emploi » pour faire face à la réalité et à ses exigences, comme de nous permettre de satisfaire nos besoins, nos désirs, nos intentions.

On appelle donc *programmes* les processus (ensembles de stratégies) que les personnes mettent en œuvre pour atteindre un objectif. Pour passer – comme on dit en PNL – de l'Etat Présent à l'Etat Désiré (voir chapitre 6, p. 126).

Même des actions considérées comme élémentaires demandent des programmes. En effet, la personne qui ressent la sensation de faim, par exemple, doit, si elle veut ressentir la sensation agréable de la satiété, mettre un ou des programmes en œuvre.

Nous utilisons des programmes pour toutes nos actions, que nous les faisions bien ou que nous les rations. Pour attraper un objet, pour marcher, pour courir, pour traverser la rue, pour choisir quelque chose, pour entrer en relation avec quelqu'un, pour enfoncer un clou dans un mur, pour étudier, pour tenter de séduire, pour construire quelque chose, pour travailler, pour organiser… et, probablement, pour mourir.

Notre programmation

Nous recevons de nos éducateurs des programmes « tout faits ». On appelle cet apprentissage programmation.

◆ 10. LES STRATÉGIES

Les éléments les plus détaillés de nos programmes sont ce que la PNL appelle stratégies (dans un sens qui n'est pas absolument identique au sens courant de ce mot).

Bien que correspondant à des données déjà étudiées par la psychologie classique (les processus cognitifs), c'est certainement par son utilisation pratique, ainsi que par le niveau de détail (et leur correspondance avec nos systèmes de représentation) que le concept de « stratégie » est bien l'un des apports les plus originaux et les plus utiles de la PNL.

On sait que ce qui fait la suprématie absolue de l'être humain sur l'animal, c'est sa haute capacité de pensée.

Comment pensons-nous ? Comment organisons-nous notre pensée ? Quand il pense, le cerveau fait se succéder des séquences au cours desquelles il se représente des choses, des visages, des lieux ; il se remémore des paroles ou des sons entendus, il se dit des choses à lui-même, etc.

➪ Se rendre compte qu'on a égaré son parapluie, c'est penser.

➪ Se poser la question à soi-même : « Où pourrais-je l'avoir oublié ? », c'est penser.

➪ Se remémorer le film de la journée d'hier, c'est penser.

➪ Dans ce film, décider de regarder plus en détail la librairie où l'on s'est attardé un moment, c'est penser.

➪ Avoir à un moment donné une impression plus forte, se voir déposant son parapluie en appui sur un rayon « BD », c'est penser.

➪ Se dire, à voix presque haute, « Il doit être là », c'est penser.

➪ Décider qu'on ira le rechercher aujourd'hui même, c'est penser.

➪ Organiser mentalement sa journée pour repasser à la librairie, c'est penser.

➪ Pour s'habiller (on est au mois de janvier !), pour prendre ses correspondances de métro, retrouver son chemin, entrer dans la librairie, expliquer ce qu'on vient y rechercher, remercier l'employée qui avait mis le parapluie de côté, il faut penser.

➪ Pour préparer un repas, il faut penser...

➪ Et pour tout ça, il faut organiser ces séquences de pensées en stratégies.

(Ces exemples sont donnés pour le lecteur qui croirait encore que penser n'est pas une «action commune et permanente», mais une activité réservée, à « ceux qui se prennent la tête avec les mains » ou au Penseur de Rodin.)

11. A L'ORIGINE DES STRATÉGIES : LE MODELE TOTE

En 1960, Georges Miller, Eugène Gallanter et Karl Pribam publient un ouvrage clé sur les résultats de leurs recherches en matière de fonctionnement du cerveau : *Plans and Structures of Behaviour.*

Ils y proposent un outil qui va permettre de mieux comprendre comment les hommes « pensent », comment ils utilisent leur cerveau pour « traiter » avec la réalité, en vue de satisfaire leurs besoins, leurs intentions.

Cet outil s'appelle le modèle TOTE.

Il servira de base à la réflexion sur la « stratégie ». TOTE est l'acronyme pour : Trigger, Operate, Test, Exit. Il est habituellement représenté par le schéma suivant :

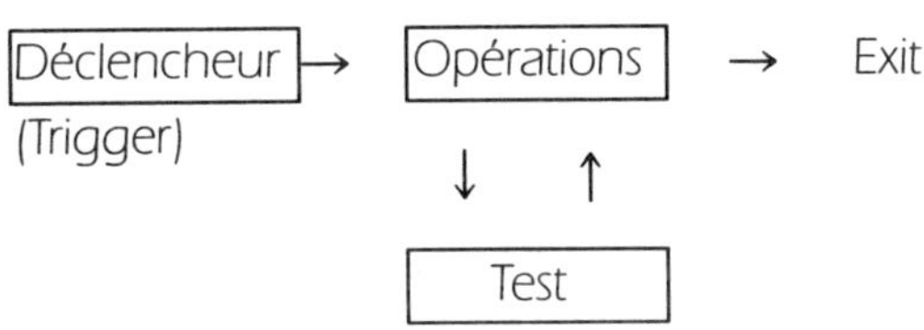

Intéressons-nous à ce modèle pour comprendre comment s'est édifiée la notion de stratégie

Nous agissons, dans l'existence, pour satisfaire nos besoins, pour atteindre nos objectifs.

Dans nos actions, « quelque chose » déclenche en nous une insatisfaction. Ce **déclencheur** (en anglais «trigger») est une stimulation sensorielle qui donne lieu à un **test** (détermination de ce qui est insatisfaisant), lequel déclenche à son tour une **opération** (mise en œuvre d'une réponse) suivie d'un autre **test** (afin de vérifier l'opportunité de l'opération menée).

Si la situation est satisfaisante, nous nous dirigeons vers l'exit (la « sortie ») à partir de laquelle nous allons pouvoir faire autre chose.

> ⇨ Exemple : **déclencheur et premier test** : Un bouton de la chemise de Roland «accroche» et lui fait mal ; **opération :** Il va chercher de quoi recoudre le bouton, et il exécute ce travail, **deuxième test** : Il vérifie la qualité de son intervention : si elle n'est pas satisfaisante, il recommence son travail ; s'il est satisfait, il quitte la situation **(exit)** et peut aller s'occuper d'autre chose.

Le coup de génie des fondateurs de la PNL, c'est d'avoir découvert que les opérations sont faites à base de séquences dans lesquelles interviennent nos systèmes de représentation visuels, auditifs et kinesthésiques.

Les stratégies sont des suites de séquences, que nous agençons mentalement – comme dans le modèle TOTE – souvent de manière « automatique » (plus ou moins consciente).

C'est de l'organisation adéquate de ces séquences mentales que dépend la « réussite » d'atteinte de nos objectifs (personnels ou professionnels, à court ou à long terme).

Ces séquences – que l'on nomme donc opérations – sont donc des agencements d'éléments tels que des « choses du passé », « re-vues » (vues en souvenir), des sons, des paroles ré-entendues, des sensations physiques remémorées, ou encore des réalités perçues et traitées dans l'instant présent, ou « imaginées » dans le futur.

Voici un exemple de stratégie (au sens d'analyse fine de cc qui se passe dans le cerveau d'une personne), à propos d'une envie (on peut aussi dire d'un désir, un but, un objectif à atteindre) : Didier a envie d'aller au cinéma.

- **Situation de départ :**
Didier est assis dans son fauteuil.

- **Déclencheur :**
Il pense, en se disant à lui-même : « J'ai envie d'aller au cinéma. »

- **Opération n° 1 :**
Il ajoute, en se parlant à lui-même : « Pour cela, il faut que je consulte les programmes de cinéma dans le journal. »

- **Opération n° 2 :**
Il cherche (en consultant les « images-souvenirs » récentes) à quel endroit il a laissé le journal.
Cette « recherche » se termine quand il retrouve dans sa mémoire l'image du journal déposé sur la table de cuisine.

- **Opération n° 3 :**
Il se lève, va dans la cuisine et ramène le journal au salon.

- **Opération n° 4 :**
Il parcourt la liste des cinémas de la ville.

- **Opération n° 5 :**
Pour chaque film dont le titre le « touche », soit il « imagine » le genre de film que ce peut être, soit il recherche dans sa mémoire des informations sur le réalisateur, les acteurs.

- **Opération n° 6 et Exit :**
Il « consulte » un « centre de sensations » à l'intérieur de lui-même, pour choisir ce qui lui plaît le plus et décide d'aller voir « Le Hussard sur le toit ».

- **Opérations suivantes :**
Il prend son imperméable, les clés de sa voiture, monte dans sa voiture, réfléchit au chemin à prendre, arrive au cinéma, prend un billet, entre dans la salle, s'installe, et apprécie (ou non) les yeux de Juliette Binoche.

Le programme de Didier, que nous pourrions appeler « Aller au cinéma », comprend des stratégies adéquates qui lui permettent de terminer ce programme par une sensation de satisfaction.

Vis-à-vis de son projet « J'ai envie d'aller au cinéma », il est permis de dire que la succession des séquences de son programme (les stratégies) lui garantit la réussite de son désir.

On peut imaginer une moindre « réussite » de ce projet simple, s'il ne se souvenait plus du lieu où il avait déposé son journal, ou s'il ne se souvenait plus du chemin pour aller au cinéma.

Il en est ainsi pour la très grande majorité des actes de notre vie

Bien sûr, diront certains, aller au cinéma ne présente pas beaucoup de difficultés pour un citadin motorisé. Mais nous accomplissons des quantités impressionnantes d'*actes automatiques* dans notre vie, comparables à celui-là –avec des programmes bien adéquats. (Comme ceux qui vous ont permis d'aboutir à être, en ce moment, occupé(e) à lire ce livre !)

Et quand les choses ne vont pas comme nous voulons, c'est bien souvent parce qu'une ou plusieurs séquences – ou opérations – ne sont pas des plus adéquates.

Bien souvent, il ne s'agit que de changer une opération pour réussir, comme nous vous proposons de le découvrir dans le chapitre 9, p. 149.

Voici trois exemples d'analyse et d'utilisation des codes[1], dans des stratégies courantes :

Vr ⇒ Ki-

« Quand je pense à la mort de ma mère, je ne peux m'empêcher de pleurer » : **Vr** pour une image remémorée, suivie d'une séquence **K**inesthésique **I**nterne (pleurs), suivie d'un signe « **–** », parce que vécu comme négatif par la personne qui l'exprime.

1. Voir *Annexes*, p.221

Jean-Pierre : **Ae⇒Ve / Ai⇒Ki–⇒Vc /Ai⇒Ke / Ki+**

Oscar : **Ae⇒Ve / Ai⇒Ki–⇒Ai ⇒Ki–**

Stratégies de réveil :

Ae, pour le stimulus **A**uditif **E**xtérieur qu'est la montre-réveil qui sonne et que l'on entend, suivi d'une vérification **v**isuelle de l'heure, accompagnée – c'est le sens de la barre oblique, pour deux séquences vécues quasiment en même temps – d'un monologue (**A**uditif **i**nterne), où Jean-Pierre se dit à lui-même : « 7 h 00, il est temps ! », suivi d'une sensation de lever difficile **(Ki-)**.

Jean-Pierre « choisit » alors de s'imaginer un moment agréable dans la journée qui commence (**Vc** = visuel construit), et se dit en même temps « Chouette, je vais voir Jean-Pol aujourd'hui » (**Ai** = auditif interne).

Il se lève (**Ke**), et éprouve en même temps une sensation positive (**Ki+**).

A partir de la même réalité, on peut imaginer comment Oscar débouche sur une sensation négative (**Ki-**).

Si, à la troisième séquence (**Ki-**, ne pas avoir envie de se lever), – par exemple – il la fait suivre d'une série de dialogues internes (**Ai**), par des phrases qu'il se dit à lui-même. Du genre : « A quoi bon me lever… », « Oui, mais si je ne vais pas travailler, aujourd'hui, je risque de perdre cet emploi... Il n'y a tout de même que deux mois que je travaille là... Et puis, m... »

Il y a fort à parier qu'Oscar finira par se lever, et éprouver une sensation négative (**Ki-**) De quoi ? De désarroi, de manque de courage.

Nos stratégies sont la base des « programmes » que nous mettons en œuvre de façon à satisfaire nos désirs, nos besoins – et, aussi, nos besoins de sensations (voir chapitre suivant, p. 67).

Même si certaines de ces stratégies sont parfois tellement répétées dans notre vie que nous pouvons considérer leurs déroulements comme autant « d'automatismes », c'est bien *chacun de nous* qui sommes le principal acteur de ces activités mentales, c'est chacun d'entre nous qui choisissons par quelle première étape d'une stratégie mentale nous allons réagir en réponse aux « stimulations », aux événements de l'existence. C'est nous qui « choisissons » (avec plus ou moins de conscience) quelles opérations vont se succéder dans nos stratégies, et sur quelles sensations ou sentiments nous allons déboucher.

Ceci revient à dire que nous sommes le principal artisan des sensations, des sentiments et des satisfactions de notre vie.

Dans la stratégie de réveil décrite plus haut, on peut observer combien l'opération **Ki-** (Kinesthésique interne négative) est cruciale. On peut aisément imaginer deux personnes agissant ensuite comme dans chacun des deux exemples.

A un moment donné – là où la seconde semble s'enfermer dans une répétition de dialogues internes stériles **Ai–** (Auditif interne négatif) –, la première personne « choisit » de « placer » une opération **Vc** (Visuel construit), avec quasi simultanément une opération **Ai+** (Auditif construit positif : imaginer la rencontre avec Jean-Pol et se dire, à ce sujet, un message positif).

Voilà comment nous « construisons » presque toutes nos sensations, et comment nous finissons par éprouver tous les sentiments de notre vie sur lesquels nos sensations agréables ou désagréables nous font déboucher.

Pour penser, nous disposons donc :

- **d'images** perceptions présentes ou souvenirs, ou encore images créées dans le futur (**Ve, Vr, Vc**) :
- **de paroles** entendues, remémorées ou imaginées, prononcées par d'autres ou par soi-même, de sons présents, passés ou imaginés (**Ae, Ar, Ac, Ai**) ;
- **de sensations** présentes, remémorées ou imaginées dans le futur, et surtout de sensations ressenties à l'intérieur de nous-mêmes (**Ke, Kr, Kc, Ki**).

C'est l'agencement de ces ressources – leur organisation – qui forme nos stratégies, lesquelles conditionnent l'atteinte de nos objectifs, la satisfaction de nos besoins, de nos désirs. Dans ce cadre, la capacité de souplesse vis-à-vis de nos stratégies (la flexibilité, comme on dit en PNL – voir chapitre 4, p. 91), est déterminante.

➩ Par exemple, la difficulté, souvent rencontrée, d'apprentissage de l'anglais par le Français, provient souvent d'un refus d'apprendre une langue à dominante auditive. « Comment cela s'écrit-il ? » réclament constamment les élèves, pénétrés de leur culture visuelle.

Codage des stratégies : voir en annexe, p.221.

NOTRE CARTE DU MONDE CONTIENT ENCORE DES ÉLÉMENTS QUI INFLUENCENT FONDAMENTALEMENT NOS ACTIONS :

◆ 12. NOS VALEURS, NOS CROYANCES SUR LE MONDE ET SUR NOUS-MÊMES

Nos **valeurs** (synonyme de **critères**) sont les évaluations, les jugements de valeur sur ce qui est important, sur ce qui ne l'est pas – sur ce qui « vaut » la peine et sur ce qui ne « vaut » pas grand-chose (... à nos yeux !). Valeurs et croyances s'interpénètrent pour nous faciliter ou nous compliquer l'approche de la réalité.

Les générations précédentes – celles qui ont formé ceux qui ont aujourd'hui 40 ans et plus – pensaient qu'une bonne éducation était celle qui fournissait le plus de « valeurs » possible à ses petits, pour leur permettre de savoir comment faire face aux difficultés de la vie.

De ce point de vue, elles se seraient empressées de juger si les stratégies décrites ci-dessus (de Didier, de Jean-Pierre et d'Oscar) étaient ou non de bonnes stratégies. La PNL, elle, adopte la position selon laquelle ces stratégies ne peuvent être considérées comme bonnes ou mauvaises que par ces trois personnes, selon qu'elles leur apportent ou non satisfaction.

Cependant, les fondateurs de la PNL considèrent qu'un nombre encore assez important d'individus « fonctionnent » en n'utilisant qu'un nombre assez restreint de stratégies… et qu'il est souhaitable de leur proposer l'élargissement de ces gammes de comportements.

Nous ne pouvons tout évaluer par la pensée, ni par la raison, de même que nous ne pouvons tout expérimenter.

C'est par besoin d'avoir une opinion sur le monde et sur nous-mêmes que notre cerveau édifie des **croyances**.

Sur la vie, sur le sens des choses, sur les autres, sur ce qui est possible, sur ce qui ne l'est pas.

La PNL trouve l'un de ses champs d'application les plus riches, en proposant des **recadrages** (voir chapitre 9, p. 151) positifs aux milliers de gens qui ont des croyances particulièrement limitatives au sujet de leurs talents, de leurs ressources, de leurs capacités.

◆ 13. LA COMMUNICATION VERBALE OU DIGITALE

C'est l'expression « directe » de ce que l'émetteur désire communiquer – en pratique, le langage parlé.

Quelqu'un qui frappe quelqu'un d'autre, s'exprime en langage corporel digital.

◆ 14. LA COMMUNICATION PAR LES AUTRES CANAUX OU ANALOGIQUE

C'est l'expression par tous les autres canaux de communication, différents du langage (gestes, attitudes, mimiques, micro-comportements, etc.).

Voilà – exposées au long de ce chapitre – les bases de la PNL : comment notre **neurologie** (notre cerveau, nos systèmes sensoriels, notre corps) traite et échange avec la réalité du monde, et comment, à l'aide des composants **linguistiques** – qui y tiennent un rôle prépondérant –, nous construisons des **programmes** pour échanger (recevoir des informations, en donner et agir) avec le monde, avec les autres, afin de satisfaire nos besoins.

Certains auteurs de PNL décrivent dans leurs ouvrages des « méta-programmes ». Ces concepts, peu originaux, et qui sont en fait une reprise des « styles de tri » de la psychologie classique (considérer les choix préférentiels d'une personne comme élément important pour entrer en relation avec elle) ne font pas l'unanimité. John Grinder, notamment, en conteste l'intérêt.

Chapitre 3

MIEUX COMPRENDRE L'ÊTRE HUMAIN AVEC LA PNL

Se mettre dans différents Etats

CE CHAPITRE PRÉSENTE ENCORE QUELQUES NOTIONS DE BASE, NÉCESSAIRES À LA COMPRÉHENSION DES MODES DE FONCTIONNEMENT DES PRINCIPAUX OUTILS DE LA PNL.

BESOINS ET DÉSIRS

Comme on le sait, les écoles psychologiques nées après la Seconde Guerre mondiale se sont forgées en réaction contre la conception d'une psychologie centrée sur la maladie et les seules déficiences mentales.

• A. Maslow a été le chef de file de ce qu'on a appelé le *Mouvement du Potentiel Humain*[1]. Concepteur de la *Pyramide des besoins humains*, un outil devenu « classique », il nous apprend notamment que les humains cherchent, en premier lieu, à satisfaire des besoins de survie et

1. Voir *A la découverte de soi*, Marabout 3614.

de sécurité, avant de s'occuper de leurs besoins psychologiques et sociaux.

Lorsqu'il s'intéresse à ces besoins psychologiques et sociaux, il souligne, à juste titre, l'importance des besoins d'affection.

• L'Analyse Transactionnelle[1] a, pour sa part, apporté un éclairage important sur les besoins de stimulations liés à cet échelon des besoins psychologiques.

D'une certaine manière, on pourrait considérer qu'un apport spécifique de la PNL concerne **notre immense besoin de sensations :**

> « Si nous considérons que se ressouvenir, comparer, juger, discerner, imaginer, être étonné, avoir des idées abstraites, avoir des passions, aimer, haïr, espérer, craindre et vouloir ne sont que différentes manières de désirer et qu'enfin, être attentif et désirer ne sont dans l'origine que sentir : nous conclurons que la sensation enveloppe toutes les facultés de l'âme. »
>
> **Etienne de Condillac,**
> Traité des sensations, 1754,
> réédité en 1984, Fayard.

Attention! J'ai développé ailleurs[2] les différences entre sensations, sentiments et émotions et c'est volontairement que je les rassemble dans ce livre sous le seul nom de « sensations ».

Pour faciliter la compréhension de ce chapitre, je vous propose le récit suivant.

1&2. Voir *Bibliographie.*

➪ Olivier se promenait récemment en montagne. Devant de superbes plis géologiques, il ne put s'empêcher d'imaginer les hommes et les femmes qui, depuis des milliers d'années, s'étaient peut-être arrêtés au même endroit pour contempler ces étonnants témoins pierreux, vieux de quelques millions d'années. Sur le sentier qui menait au refuge, il croisa deux jeunes adolescents. Ce paysage ne les émouvait guère ; ils discutaient, nerveusement, d'informatique.

Donc, devant un même spectacle, c'est-à-dire face aux mêmes stimulations, chacun peut « déclencher » – à l'intérieur de soi – des sensations très différentes.

Cette façon de réagir – cette manière d'agir – correspond bien à ce qui se passe, face aux très nombreux événements de l'existence.

Vous aurez remarqué combien certaines personnes se plaignent des malheurs du monde, entrevus par la lucarne télévisuelle, et qui leur donnent des sensations d'angoisse et d'anxiété, un sentiment de peur, sans qu'ils réalisent bien, c'est-à-dire sans une conscience bien nette que c'est leur choix[1] :

1. de regarder la télévision ;
2. de regarder les actualités télévisées ;
3. d'en « faire » des sensations d'angoisse et d'anxiété.

Nous en faisons tous autant, à longueur de journée, avec les stimulations que produisent les événements de notre vie.

---

1. Hormis dans les situations (régimes non démocratiques) où existe un pouvoir coercitif violent, ainsi que lorsqu'il est déficient mentalement, l'homme est responsable de ses comportements et de sa vie. Une réalité qui échappe encore parfois à la conscience de certains…

Nous les utilisons pour éprouver des sensations et, finalement, pour éprouver les quatre grandes familles de sentiments (la peur, la tristesse, la colère et la joie).

Une très grande majorité d'Occidentaux de la fin du XXe siècle, se conduit – se comporte – de manière telle qu'elle puisse éprouver au terme de ses actions, de ses comportements (donc de ses programmes), des sensations.

Il ne faut pas juger cela. C'est un fait. D'ailleurs, que ce soit la sensation d'avoir la panse bien remplie ou de sentir le bienfait des flammes dans un abri, nos ancêtres déjà éprouvaient ce besoin de sensations, tout comme ils éprouvaient des sentiments.

Les psycho-sociologues nous disent que chacun vit des types de sensations appris dans son milieu éducatif. C'est vrai.

Les registres de sensations constituent des champs d'expériences importants ; ils servent souvent de référence face aux situations nouvelles.

Un certain nombre de gens semblent agir « comme si » ils étaient limités à ne se servir que de ces expériences kinesthésiques, face aux situations nouvelles de l'existence, limitant ainsi (involontairement) leurs possibilités de réactions. Il s'agit bien souvent de personnes qui n'ont fait que trop rarement l'expérience de l'accès à leurs autres ressources..Ils agissent « comme si » ils n'en connaissaient pas l'existence en eux.

La bonne nouvelle qu'apporte la PNL, c'est qu'on peut décider de modifier, d'élargir ses registres de sensations. Grâce à quoi on peut changer la « couleur » dominante que l'on a dans la tête…

Si quelqu'un choisit surtout de vivre et d'entretenir des sensations dites « fortes » et « limites », il prend des risques pour sa vie, et celle des autres. Le « Process Communication »[1] appelle les gens qui font ce choix, conscient ou inconscient, des personnalités « Rebelles ».

D'autres vont rechercher et vivre des sensations consistant à renforcer les côtés dérisoires et effrayants de l'existence. Je les appelle personnes qui ont « du gris (parfois du noir) dans la tête ».

Si, au contraire, on s'extasie devant les sourires d'enfants, les merveilles de la nature ou les milliers de formes par lesquelles s'exprime le génie humain, si on « s'arrange » pour rechercher les sensations liées à un travail passionnant et rémunérateur, et celles liées à la fréquentation de personnes heureuses et épanouies – ou si on décide de commencer à le faire –, on a bien des chances de rejoindre le « club » de ceux qui ont le cerveau couleur rose – ou mieux encore : dorée (à mon sens, ce club devrait être largement majoritaire !), de ceux pour qui la joie est un sentiment dominant.

Une restriction cependant utile : les possibilités d'élargissement des champs de sensations se restreignent avec l'avancée en âge.

1. Un « produit séduisant » de la 3e génération en Analyse Transactionnelle : voir *Bibliographie*.

NOS SENSATIONS ET LES QUESTIONS DE CHOIX : DÉVELOPPEMENT OU LIMITATION ?

Nos besoins de sensations sont donc forcément liés aux choix que nous faisons tout au long de notre vie.

Il est des plans où cette affirmation éclate d'évidence. Sur le plan des besoins psychologiques, notamment. Notre besoin d'éprouver la satiété nous entraîne à chercher de quoi boire, de quoi nous nourrir.

Mais dès la recherche de ce type de satisfaction primordiale, nous pouvons faire des choix favorables à notre développement, à notre équilibre, ou non. On peut en effet choisir d'avaler une nourriture quasi identique tous les jours, ou varier son alimentation. En matière de consommation de vin, c'est encore plus vrai :

> ➩ Certains « choisiront » de boire tous les jours la même piquette, d'autres se comporteront en curieux, en « explorateurs » des joies gustatives multiples liées à la consommation du précieux produit de la vigne.

Mais il est un domaine où la valeur exemplative est encore bien plus démonstrative de cette affirmation, c'est celui de la relation que nos contemporains entretiennent avec ce si important domaine de l'existence qu'est la culture artistique.

On voit tout de suite que, comme dans l'archétype du vin, il est possible de se « contenter » toute sa vie de piquette.

> ➩ Certains ne « consomment » pas de « produits artistiques » autrement que par les échos

faibles et occasionnels qu'en donnent les actualités télévisées, tandis que d'autres se conduisent en explorateurs curieux du théâtre, de la poésie, de la littérature, des arts plastiques et de la musique.

Ce dernier domaine fournit un exemple particulièrement édifiant pour cette démonstration.

➩ Prenez un adolescent, « fan » d'un groupe rock à la mode. Bien souvent, il ne recherche, à l'écoute de ce genre de musique, qu'un seul type de sensation. La plupart du temps, il ne faut pas lui parler d'écouter Bach ! Pour lui, parce que son corps ne va pas éprouver les seules sensations qu'il a « choisi » d'éprouver, il renonce à tenter une expérience d'un autre genre. Observez combien la même chose se passe – assez souvent – trop souvent – dans la sélection que beaucoup font autour d'un genre, d'un artiste qui leur a procuré d'agréables sensations. Et observez combien ce type de satisfactions les « enferme » dans un monde artistique « clos », sans les découvertes, sans la joie d'univers de sensations – pour eux – inexplorées !

LES STRATÉGIES POUR SATISFAIRE NOS BESOINS

Nous cherchons donc les stimulations qui vont nous permettre de construire ces séquences expliquées au chapitre précédent (stratégies), lesquelles vont nous permettre d'éprouver, finalement, des sensations agréables ou désagréables.

Sensations, agréables ou désagréables ?

Tantôt l'un, tantôt l'autre. Car, que ce soit pour « déboucher » sur des sensations plaisantes ou franchement déplaisantes, nous utilisons les stimulations de la vie, de notre entourage comme points de départ de nos stratégies mentales (ce sont les déclencheurs de nos stratégies).

Il est permis d'affirmer que nous utilisons nos stratégies pour satisfaire l'ensemble de nos besoins, depuis nos courses ménagères jusqu'à nos relations avec les autres, depuis les petits plaisirs de la vie quotidienne jusqu'aux « grandes décisions » de notre existence.

D'une certaine manière, il n'est pas inexact de dire que les personnes qui possèdent ce que l'Analyse Transactionnelle[1] appelle un *scénario gagnant* se caractérisent surtout par le fait d'avoir appris dans leur enfance et leur adolescence de nombreux automatismes positifs en matière de stratégies, ainsi que la capacité à accéder à la conscience de leurs stratégies; tandis que les personnes

1. Voir *Bibliographie*.

dotées d'un scénario perdant se caractérisent par un nombre peu élevé de stratégies qu'ils ont tendance à reproduire très fréquemment – ainsi que peu d'intérêts pour cette prise de conscience.

S'il est théoriquement possible de connaître celles de nos stratégies qui débouchent sur des sensations désagréables (ce sont habituellement celles qu'on veut changer), il est plus aisé de recourir à l'aide d'un praticien (surtout pour **ancrer** – voir chapitre 5 – une ou plusieurs nouvelles opérations).

De même que pour repérer, à ce niveau fin, subtil et pertinent d'analyse, comment d'autres s'y prennent, face aux mêmes situations, afin de **modéliser** (voir chapitres 1 et 9) leurs stratégies de réussite.

LES MICRO-COMPORTEMENTS, EXPRESSION DE CE QUI SE PASSE DANS NOTRE CERVEAU

En faisant leurs premières observations, Bandler et Grinder ont observé l'importance que les thérapeutes exceptionnels dont ils étudiaient le savoir-faire, donnaient à certains micro-comportements.

Un micro-comportement est une manifestation neurologique relativement infime (d'où l'appelation micro-), indiquant que « quelque chose » se passe dans le cerveau de la personne qui le vit.

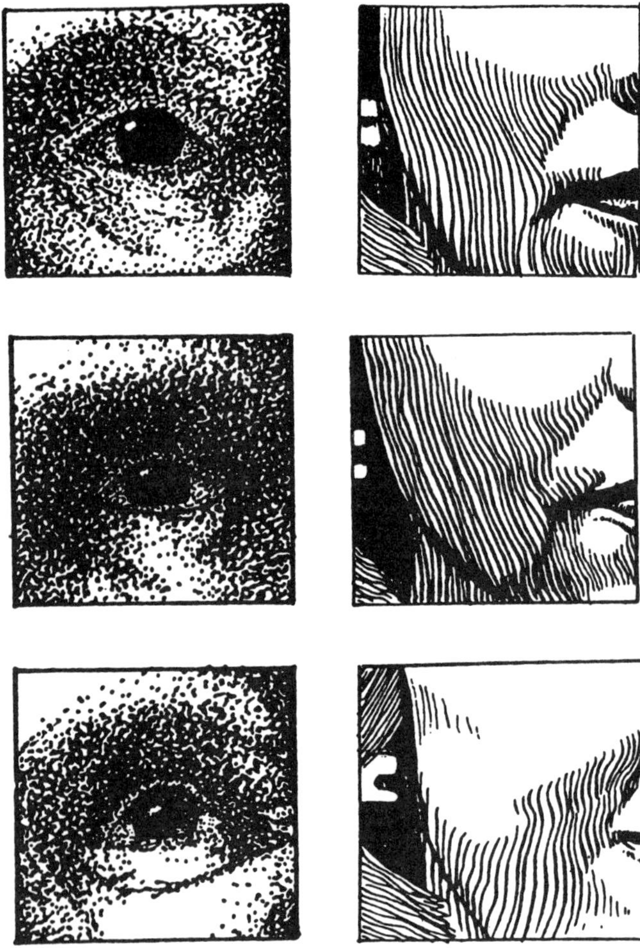

Les super-communicateurs prennent en considération des micro-comportements, tels que les changements de taille des pupilles, ou les variations de pigmentation de la peau.

L'exemple le plus connu de micro-comportement dans la vie courante, est ce changement dans la coloration du visage qui a nom rougissement[1].

LES MOUVEMENTS OCULAIRES : UNE DÉCOUVERTE FONDAMENTALE

Tout ce qui précède relève – on l'aura compris – de notre neurologie. Notre cerveau en est évidemment l'élément central.

Nous avons vu comment notre relation au monde et aux autres passe par nos systèmes sensoriels. L'une des grandes découvertes des fondateurs de la PNL, c'est, que nous le voulions ou non, que les mouvements de nos yeux sont associés à ce qui se passe dans notre cerveau, au moment où nous nous exprimons. Il existe un lien, quasi incontrôlable, entre nos stratégies et les mouvements de nos yeux.

A cause du caractère spectaculaire de cette découverte, certains n'ont retenu que cela et ont inscrit dans leur Carte du Monde : « La PNL, c'est une technique qui traite des mouvements oculaires. »

En voici l'explication (p. 78).

1. On comprendra que rapporter des exemples de micro-comportements dans un livre qui ne permet pas l'impression de photos en couleurs a demandé beaucoup de talent au dessinateur Olivier Thouvenin, ingénieur de son état, pour en donner la plus fidèle interprétation. Qu'il en soit ici remercié.

Lorsqu'une personne pense, réfléchit, le mouvement de ses yeux traduit les opérations mentales de la façon suivante :

Yeux en haut à gauche
« invente », construit une image

Yeux en haut à droite
voit quelque chose de déjà vu

Yeux au milieu dans le vague
image construite ou déjà vue

Yeux au milieu à gauche
« invente » une voix, un son

Yeux au milieu à droite
entend des sons déjà entendus

Yeux vers le bas à droite
se parle à soi-même

Yeux vers le bas à gauche
éprouve des sensations, des émotions

CES VISAGES SONT REPRÉSENTÉS DU POINT DE VUE DE L'OBSERVATEUR

LA PERSONNE ÉPANOUIE

La personne épanouie (la personne OK de l'AT) est celle qui vit des sensations et des sentiments positifs, parce que :

• elle met en œuvre de bonnes stratégies pour obtenir ce qu'elle souhaite et elle en use avec flexibilité,

• elle est attentive à sa conscience psychologique,

• elle réussit bien ses relations avec ses semblables,

• elle évolue et se développe en harmonie avec son temps, ce qui suppose une évolution permanente de ses valeurs et de ses croyances.

ÊTRE DANS UN CERTAIN « ÉTAT »[1]

La PNL propose de considérer le comportement de l'être humain comme suit :

1. Cet usage du mot « Etat » se distingue absolument de celui de l'Analyse Transactionnelle.

• **CE** pour le Comportement Externe : c'est ce que les autres peuvent observer.

En même temps , se développe un :

• **PI**, Processus Interne, qui est la façon de percevoir et de penser.

Le tout s'accompagnant de ce qu'on appelle un :

• **EI**, Etat Interne, qui englobe les sentiments et émotions qu'éprouve la personne.

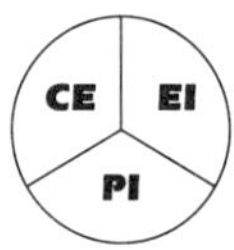

Cette grille constitue un ingénieux outil pour observer la façon dont une personne s'y prend – consciemment ou non – pour atteindre ses objectifs. Elle porte le nom d'**index de computation**.

ETRE ASSOCIÉ OU ETRE DISSOCIÉ

Il s'agit là d'une capacité intéressante que possèdent les êtres humains :

• La capacité de vivre les choses avec « engagement », d'être impliqué, d'**être associé** aux événements, aux souvenirs, aux évocations, à des sentiments, à des sensations, à ses ressources.

> ➪ Devant un paysage alpin, Lucien ne dit rien, ne pense à rien d'autre et prend plaisir à contempler les merveilles qu'il a sous les yeux.

➪ En revoyant les photos de son mari disparu, Paule éprouve un sentiment affectueux, « comme s'il était encore là ».

➪ Apprenant par courrier qu'il est sélectionné pour un emploi de carrossier, Fabrice éclate de joie.

➪ Invitée à prendre la parole dans cette réunion, Frédérique fait un exposé brillant.

• La capacité de « prendre du recul », d'être « en dehors » du vécu, d'**être dissocié** des événements, etc.

➪ Mis en cause au cours de la réunion, Victor ne réagit pas et pense à édifier une réplique.

➪ Julien se demande comment faire pour traiter un problème professionnel.

➪ Au supermarché, Françoise essaie de « revoir » mentalement la liste des courses qu'elle a oubliée chez elle.

Cette faculté est souvent sollicitée, dans les modèles de changement, dans la pratique psychothérapeutique (voir chapitre 9).

Par convention de vocabulaire, la PNL parle de l'Etat Présent, dans lequel une personne se trouve présentement, et de l'Etat Désiré pour définir ses buts, ses désirs, ses objectifs (explicité au chapitre 6).

LES RESSOURCES

« Accepter notre imperfection est le premier pas vers la perfection. Accepter une critique comme signal de ce dont nous sommes capables, c'est le deuxième pas. »

Gitta Mallasz, *Les Dialogues ou le saut dans l'inconnu.*

Les ressources humaines sont tellement nombreuses que plusieurs ouvrages classiques y sont déjà consacrés. Outre celles déjà citées dans le tableau de la page 38, il me paraît intéressant de souligner les découvertes récentes des scientifiques qui ont travaillé sur les facultés spécifiques des deux hémisphères du cerveau.

Ce fut sous l'influence de Broca et Wernicke, au XIXe siècle, que la prédominance du cerveau gauche fut démontrée. Siège des fonctions cognitives, il fut même considéré comme « cerveau noble ». Et cela fut conforté durant presque tout le XXe siècle. Les travaux récents des biologistes californiens ont confirmé que notre cerveau gauche est bien le « centre » de la vie cognitive et qu'il recèle de précieuses ressources qui aident l'être humain dans de nombreux secteurs de l'existence : capacités verbales, logique, rationalité, temporalité, linéarité, capacités analytiques, capacités d'abstraction, rigueur, capacités numériques.

C'est à R. Sperry, Bogen et Gazzanica que l'on doit la réhabilitation des ressources « très complémentaires » de l'hémisphère droit : intuition, imagination, créativité, capacité de synthèse et de globalité, atemporalité, sensualité, spontanéité. L'ensemble de ces ressources est présent chez la très grande majorité des êtres humains.

Comme l'indique le présupposé n° 4 de la PNL, chacun possède donc les capacités permettant de faire face à la très grande majorité des situations de l'existence.

UNE RESSOURCE LONGTEMPS DÉCONSIDÉRÉE : L'INTUITION

Lorsqu'il y a juste un siècle, un journaliste au retour de l'exposition de Chicago écrivait dans *La Nature*, après avoir été fasciné par « *un projecteur installé sur le toit du Palais des arts et qui informe chaque soir le public du nombre des visiteurs pendant la journée et le distrait en projetant sur les nuages des mots et des dessins* », il poursuit en prophétisant la généralisation de ce procédé : « *Attendons-nous à voir la réclame sur nuages, passer à l'état d'industrie*[1]. »

Nous savons que cette **déduction prophétique** est comparable à la plupart des opérations rationnelles de déduction que peut faire un cerveau intelligent.

1. « Rêve du futur », dans *Culture technique* n° 28, cité dans « Voyage au cœur de la lumière », Hors Série *Science et Vie*, mars 1994.

Il en est de nombreuses qui sont ensuite confirmées par la réalité, heureuse ou malheureuse. Lorsque Jean montra à Rémi la photo de sa femme, ce dernier eut un moment d'hésitation, mais finit par déclarer à son ami : « *Je n'ai pas à me mêler de ta vie privée, mais par amitié pour toi, je me dois de t'exprimer ce que je ressens en voyant ta femme sur cette photo. Je crains qu'elle ne soit plus en ta compagnie d'ici quelques années...* »

Sceptique, Jean ne fut pas porté à prendre la remarque de Rémi en considération. Cinq ans plus tard, Jean dut annoncer son divorce d'avec Monique.

Nous savons que cette **déduction intuitive** fonctionne comme beaucoup de déductions prophétiques.

L'intuition est une importante ressource, parmi les facultés humaines à l'œuvre dans bien des circonstances de l'existence : c'est la faculté qui nous signale notamment – qui « sait » – quand c'est le bon moment :
... *pour exiger quelque chose de Maman* (à l'œuvre dès la première année) ;

... *que tel agissement va être accepté ou refusé* (à l'œuvre toute la vie, et face à des personnes très différentes) ;

... *que tel arrangement a bien des chances de réussir* (aussi bien devant un problème pratique que vis-à-vis de réalités complexes) ;

... *que telle personne est sensible à notre charme ou non ;*

... *qu'en combinant tels éléments, nous allons pour le moins produire quelque chose de surprenant, d'esthétique ou d'agréable* (à l'œuvre en art, en gastronomie, en affaires, en amour)...

Si les mécanismes rationnels à l'œuvre dans une déduction prophétique sont bien connus (analyse, comparaison d'information, projection dans le futur), il n'en est pas encore(?) tout à fait de même en ce qui concerne les déductions intuitives.

C'est que la multiplication des sources d'informations à l'œuvre dans une activité intuitive est moins apparente.

Aujourd'hui, on commence à reconsidérer celles-ci comme ne relevant plus *absolument* de la pure subjectivité individuelle. Une position, prise par de nombreux scientifiques, qui avait eu pour conséquence de bloquer – depuis plus d'un siècle – l'étude d'une faculté présente, mais généralement peu étudiée quand elle n'est pas carrément méconnue : conséquence de la primauté de la « logique aristotélicienne » selon laquelle une chose ne peut pas être elle-même et son contraire.

Puisque la logique repose avant tout sur l'objectivité et l'intuition sur la subjectivité, on a vu triompher, depuis des siècles, l'affirmation selon laquelle : « *Impossible, pour une même personne, d'être à la fois objective et subjective!* » Ce type de valeur, encore fort présente à l'esprit de beaucoup de nos contemporains, se trouve être source de très nombreuses limitations du potentiel humain.

Comme toutes les écoles issues du Mouvement du Potentiel Humain, la PNL considère qu'**il est des circonstances de la vie qui appellent davantage les facultés rationnelles, tandis qu'il en est d'autres qui appellent préférentiellement les facultés subjectives d'une même personne.**

L'INCONSCIENT, UNE RESSOURCE MÉCONNUE

Dans le grand public, l'inconscient a souvent mauvaise réputation. Le sensationnalisme d'une presse mal informée en a fait le siège des pires pulsions humaines, oubliant d'en souligner les caractères positifs.

Que diriez-vous si vous étiez – à l'instant – obligé de commander à vos yeux de suivre les mots de cette ligne, à vos poumons de respirer?

Heureusement que les fonctions végétatives sont prises en charge par notre inconscient.

Heureusement qu'il a également pris en charge un bon nombre de nos apprentissages, devenus automatismes.

Sans quoi, nous roulerions toujours en voiture comme aux premiers jours de nos leçons de conduite: nous prendrions un temps fou pour nous laver, réfléchissant à la façon de poser chaque geste, tout comme nous devrions tout simplement nous «concentrer» très attentivement pour poser un pied après l'autre en marchant.

De très nombreux spécialistes des sciences humaines pensent, tout comme Milton Erickson, que chaque individu enregistre et emmagasine – à son insu, puisqu'inconsciemment – le souvenir de tous les événements, tous les comportements dont il est témoin. Ces enregistrements constituent une mine quasi inépuisable de ressources dont beaucoup de personnes ont très peu conscience.

Si on prend, par ailleurs, en considération les travaux de C.G. Jung et de très nombreux sages occidentaux et orientaux, selon lesquels une partie non négligeable de notre inconscient est capable de percevoir les liens qui uniraient les hommes à des forces cosmiques que les sciences classiques, enfermées dans leur « logique » du cerveau gauche ignorent, on ne s'étonnera plus de l'importance donnée par une discipline d'avant-garde comme la PNL à notre inconscient.

LES DIFFÉRENTES PARTIES DE LA PERSONNALITÉ

Les gens qui ne présenteraient qu'une seule caractéristique n'existent pas.

> ➪ Quand nous disons que Christiane n'est « que » gentillesse, nous nous trompons. Christiane ne peut pas « être gentille » 24 heures sur 24.
> De même, Adolphe (dont on dit qu'il est toujours méchant) ne peut davantage l'être 24 heures sur 24.

L'être humain est riche de nombreuses ressources, de nombreuses facettes. Sa personnalité est faite de nombreux « éléments ». Les origines américaines de la PNL font qu'on a tout simplement traduit « *parts* » par **partie de la personnalité.**

Ces considérations vont s'avérer particulièrement pertinentes en matière d'interventions de changement (chapitre 9, p. 149).

Chaque partie contient de nombreuses ressources. En effet, lorsqu'une personne agit – se comporte – d'une certaine manière, ce n'est bien souvent qu'une *partie* d'elle-même qui est à l'origine de ce comportement.

Hormis les actes très simples et peu impliquants de l'existence, ceux posés en accord avec toutes les parties de la personne sont le fait, assez rare, de personnes très équilibrées, très épanouies. (Même si l'on a parfois l'impression que l'on agit ainsi en permanence.)

En PNL, on considère donc que c'est une partie X de la personne qui est responsable du comportement Y. Par commodité, on utilisera assez fréquemment des noms simples pour les identifier :

- **Partie raison :** cette partie de nous qui cherche à tout comprendre d'une manière logique.

- **Partie jugement :** celle qui nous porte à émettre facilement des jugements sur les autres et sur les faits de l'existence.

- **Partie menaçante :** le registre des auto-punitions, des auto-dévalorisations (la partie à partir de laquelle on se traite de tous les noms quand on « rate » quelque chose).

- **Partie créatrice :** que chacun possède, parfois à son insu. C'est l'une des auto-dévalorisations que les PNListes rencontrent le plus souvent : beaucoup de gens sous-estiment leur créativité personnelle – pourtant à l'œuvre dans la décoration de leur logement, dans leur façon bien personnelle de traiter un problème, d'écrire une lettre – pour n'en concéder la qualification qu'aux seuls savants et artistes.

- **Partie critique :** capable d'analyser les faits et de les juger, soit positivement, soit négativement.

• **Partie narcissique :** qui nous porte à nous trouver attrayant et nous aide à choisir nos vêtements, notre coiffure, etc.

• **Partie satisfaction :** qui nous porte à rechercher la satisfaction de nos besoins.

• **Partie sombre :** qui nous pousse à souligner les aspects négatifs de l'existence et de nos actes.

• **Partie protection :** qui veille à nous protéger des dangers (réels ou imaginaires) de l'existence.

• **Partie développement :** qui nous conduit à rechercher les moyens d'apprendre des choses nouvelles, de faire de nouvelles expériences.

• **Partie morale :** qui veille à se construire des règles de vie pour soi et les autres, et à les respecter.

• **Partie spirituelle :** qui se montre sensible aux réalités transcendantes, avec ou sans religion.

• **Partie relation :** qui éprouve le besoin de contact avec les autres et l'organise.

• **Partie joie de vivre :** qui organise et apprécie les joies, les plaisirs de l'existence.

Ceci est donné à titre exemplatif. La PNL ne propose aucune norme en ce qui concerne la présence ou l'absence des parties citées ci-dessus. Il s'agit, tout simplement, d'identifier des réalités très importantes pour la majorité des êtres humains.

La pratique de la PNL amène assez souvent les intervenants à proposer à leurs clients un travail sur les parties de personnalité, tels que la négociation entre parties, ou la création d'une nouvelle partie, par exemple (voir chapitre 9, p. 149)

On considère parfois les parties comme de vraies sub-personnalités, parce qu'il arrive assez fréquemment qu'une seule ou deux parties de la personnalité soient responsables de tout un mode de vie, de toute une manière d'être.

*

Depuis un certain temps déjà, la PNL s'intéresse à cette très ancienne théorie de la personnalité qui a nom ennéagramme (9 parties) : c'est pourquoi nous préparons en ce moment un ouvrage qui pourrait s'intituler : *« L'ennéagramme, la plus ancienne, la plus confirmée et la plus moderne des méthodes de connaissance de soi, des autres et de développement personnel et spirituel. »*

Chapitre 4

LA FLEXIBILITÉ OU SOUPLESSE DES COMPORTEMENTS

L'élégance en PNL

Dans tout système (et il faut rappeler qu'une personne peut être considérée comme un système), l'élément le plus flexible est celui qui exerce la plus grande influence.

Le petit d'homme n'accède à la liberté du choix de ses comportements que s'il est suffisamment aimé, apprécié, sûr de sa valeur – c'est son développement affectif – et instruit (comment fait-on des choix ?) – c'est son développement culturel.

Gene Early

Milton Erickson définissait la **flexibilité** en utilisant une métaphore. Si vous cherchez à détourner le courant d'une rivière en vous y opposant par la force d'un barrage, l'eau finira par déborder, tandis que si vous accompagnez le courant vers une berge voisine, vous créerez un nouveau lit, sans trop d'efforts.

Paul Watzlawicz est un brillant scientifique américain (l'une des figures fondatrices de l'Ecole de Palo-Alto), dont un livre a connu beaucoup de succès outre-Atlantique et a été traduit en français sous le titre *Fabriquez vous-mêmes votre malheur*[1]. Dans ce livre, il démontre brillamment que pour « rater » quelque chose, il faut utiliser son cerveau (pour perdre son emploi, par exemple, il faut faire « des choses », il faut les faire se suivre : en PNL, on dirait qu'il faut organiser des stratégies), et notamment, comment beaucoup de gens ne résolvent pas leurs problèmes, à force de ***faire davantage la même chose…***

> ➩ Louis est chef de vente chez Neretie. Quand l'un de ses vendeurs est un peu déprimé, il se croit obligé de « lui remonter le moral » par un long entretien-sermon, du genre « Vous faites le métier le plus envié de la terre »… Bien qu'on ait déjà fait comprendre à Louis que ses « homélies » ennuyaient souvent ses collaborateurs, quand Robert entre ce lundi dans son bureau, en disant « Ce week-end, j'ai de nouveau raté deux ventes ! », Louis se précipite sur son agenda et annonce à Robert : « Viens me voir cet après-midi, vers 16 heures, nous bavarderons un peu »…

Louis fait ici démonstration de « non-flexibilité » face à une situation, souvent répétée, qui exigerait qu'il s'y prenne autrement.

Non. Comme beaucoup de gens, Louis manque de flexibilité face aux problèmes de la vie. Il pense que pour chaque problème, il n'y a qu'une solution : celle qu'il connaît.

1. Voir *Bibliographie*.

Comme beaucoup de gens, Louis réagit aux problèmes en « répétant » une solution qui a – au moins, une fois – fait recette.

Même si elle n'est pas adéquate, cette fois-ci, Louis « connaît » la bonne façon d'agir.

Ce faisant, il « fait davantage la même chose ».

La flexibilité est un concept qui, bien que n'appartenant pas seulement à la PNL, s'est cependant trouvé enrichi par la méthode de Bandler et Grinder. De quoi s'agit-il ?

Il vous est probablement arrivé d'observer combien certains humains sont « paralysés » par des situations tendues ou dramatiques. D'autres ont une remarquable capacité de souplesse – de flexibilité, dit la PNL – pour reconsidérer la situation et réorienter leurs stratégies en vue d'atteindre les objectifs préalables ou d'en redéfinir rapidement de nouveaux, en fonction de l'obstacle rencontré.

➪ Exemple : dans ce magasin où un malandrin vient de commettre un vol, Marilyn (vendeuse) est à ce point « secouée » par l'incident qu'elle ne peut se montrer attentive aux demandes de ses clients pendant plus d'un quart d'heure – tandis que Muriel reprend très rapidement le dessus, écoute les desiderata de son nouveau client, et enregistre sa commande d'une manière tout à fait satisfaisante.

➪ Un exemple de situation où beaucoup de gens sont généralement capables de flexibilité : si traverser une rue dans les lignes blanches est assurément une bonne stratégie, la plupart de nos contemporains sont capables d'improviser une nouvelle stratégie, si les lignes blanches font défaut.. L'incapacité de flexibilité consisterait, dans ce cas, à parcourir des kilomètres, jusqu'à ce que l'on finisse par en trouver !

➪ La non-flexibilité est facile à observer chez des personnes âgées que l'on a connu alertes et faisant démonstration de souplesse dans leurs comportements. Telle personne que l'on a connue capable de s'adapter à bien des situations, fait – avec l'âge – démonstration d'une incapacité à s'adapter aux exigences de la maison de repos dans laquelle elle se trouve maintenant.

➪ De nombreuses chaînes d'hôtels tiennent compte de la difficulté de flexibilité de leurs clients, en construisant leurs bâtiments selon les mêmes dispositions. Que ce soit à New-York, Bruges ou Tokyo !

➪ L'un des domaines où la flexibilité est encore trop rare : celle qui concerne la capacité de remise en cause de ses propres valeurs. Les conséquences en sont, sur le plan personnel comme sur celui de la vie en société, véritablement catastrophiques. Ici, des hommes et des femmes restent prisonniers du marasme de leurs vies amoureuse, parentale ou professionnelle. Là, des conflits graves naissent parce que des gens refusent de reconsidérer des normes selon lesquelles « On ne traite pas avec des X... »

Avec Gene Early, un PNListe de la première génération, j'ai élaboré un schéma situant les manières d'agir des personnes qui réussissent.

Nous l'avons appelé :

Clés pour l'excellence

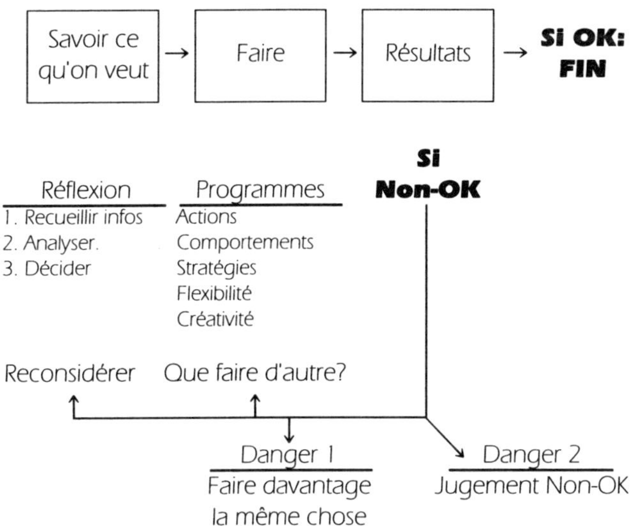

Ce tableau schématise les manières d'agir de ceux qui réussissent à obtenir ce qu'ils veulent dans l'existence (à satisfaire leurs besoins, leurs désirs, à atteindre leurs buts), à faire face aux problèmes de l'existence avec la meilleure efficacité.

Ce tableau comprend :

- En haut, à gauche : l'énoncé des **objectifs**, des buts (Savoir ce qu'on veut) – cet aspect est exposé au chapitre 6, p. 125.
- Lorsque ceci a été correctement défini, il s'agit de « **faire** ». C'est la signification du carré central, les programmes que l'on met en œuvre.
- Ce que l'on fait débouche sur des **résultats** (carré de droite).

Soit les résultats sont conformes aux buts visés, et on peut poursuivre son action, sa vie, en « s'attaquant » à la satisfaction de nouveaux besoins, de nouveaux objectifs.

Soit les résultats ne sont pas satisfaisants, et la PNL observe que les comportements performants, se caractérisent, chez « ceux qui réussissent » par une grande flexibilité, qui consiste :

1. A reconsidérer leurs objectifs (ce qui implique de rechercher des informations au sujet de la « faisabilité » de cet objectif, à reconsidérer son réalisme, à l'analyser) et à décider, soit d'un nouvel objectif, soit d'« adapter » l'ancien.

2. A reconsidérer la manière dont on s'y est pris (les actions, les comportements que l'on a engagés – assez souvent : les manières de communiquer à propos des buts fixés).

3. Et, finalement, à élaborer de nouvelles stratégies – de nouveaux programmes – et donc à agir d'une autre manière.

En PNL, on dit souvent :

« Si ça ne marche pas, agissez ***autrement.*** »

Notamment, de manière créative.

Agir de manière créative, c'est (se) poser la question :

« Comment faire pour trouver une solution à ce problème ? »

Et, quand une première tentative n'est pas couronnée de succès :

« Comment faire autrement (autre chose) pour y arriver ? »

AGIR AVEC ÉLÉGANCE

La PNL a dégagé une conception d'action particulièrement harmonieuse : c'est la notion d'**élégance** dans la façon d'agir, de communiquer, d'atteindre les objectifs que l'on s'est fixés. C'est la finesse, la simplicité, la perfection, l'aisance, les marques de respect – et souvent de discrétion – qui caractérisent les protocoles d'action, les stratégies mises en œuvre.

Sur le plan particulier de la pratique de psychothérapie, l'élégance se caractérise par cette capacité, en apparence paradoxale, qui consiste à pratiquer les différents outils, les différents modèles, comme s'ils étaient « naturels ».

L'élégance est enfin une composante de ce qu'on nomme l'**excellence** – à savoir, le « coût énergétique optimal » dans le rapport entre les ressources utilisées et le résultat obtenu, ou, autrement dit, *« le meilleur résultat au moindre coût énergétique »*.

Chapitre 5

LES DÉCOUVERTES DE LA PNL EN MATIÈRE DE COMMUNICATION

Technologie des relations d'influence

En PNL, c'est de là que tout est parti. C'est la raison pour laquelle j'ai consacré mon premier livre à cet important sujet[1].

Les apports de Bandler et Grinder sont impressionnants.

Je propose de les découvrir en accompagnant leurs propres démarches et leurs conclusions sur ce que font (pas toujours en le sachant d'une manière consciente, claire et précise !) ceux qu'il est permis d'appeler « super-communicateurs ».

Au début de leurs travaux, les deux fondateurs de la discipline se sont d'abord intéressés à des psychothérapeutes hors du commun (Frédéric Perls, Virginia Satir, et surtout Milton Erickson).

Lorsqu'ils commencent à vérifier leurs conclusions auprès d'autres publics, ils ne sont pas étonnés de constater que leurs observations concernent également les métiers où la relation s'apparente à une relation d'aide, comme chez les travailleurs sociaux, les enseignants, les conférenciers… et même chez de forts bons vendeurs.

Ils en ont dégagé une véritable :

---

1. Voir *Bibliographie*, p. 227.

TECHNOLOGIE DES RELATIONS D'INFLUENCE

Ce qu'ils ont observé tient essentiellement en douze manières d'agir, à partir desquelles ils ont élaboré douze grands outils.

Chacune de ces manières d'agir et d'être est devenue un *outil* qui vise à *établir avec un interlocuteur un rapport* d'une exceptionnelle qualité, et souvent un rapport profond.

Pour cela, les super-intervenants pratiquent – simultanément – ce qu'en PNL, on appelle :

1. le **branchement externe** (uptime)
2. la **calibration**
3. la **synchronisation**
4. l'attention portée aux **prédicats**
5. la **traduction**

Ils utilisent :

6. le **méta-modèle**
7. la **fragmentation**

Ils pratiquent :

8. la **vérification écologique**

Si leur interlocuteur présente des objections, des résistances, ils :

9. **utilisent les objections comme ressources.**

Les deux premiers (1, 2) traitent du langage analogique.

Les deux suivants (3, 4) du langage digital.

Une fois qu'un rapport profond est établi, ils permettent alors à l'intervenant de **conduire,** de diriger l'entretien et de proposer des outils destinés à faciliter le changement personnel, dont certains sont présentés dans les chapitres suivants.

Les super-intervenants se caractérisent aussi par l'utilisation fréquente et maîtrisée :

10. de **métaphores.**

Les résultats positifs atteints font l'objet :

11. d'un **ancrage** renforçant.

Enfin, soucieux de la pérennité de leur intervention, ils « créent »

12. un **pont vers le futur.**

Tout cela avec le plus grand respect de la Carte du Monde de leurs interlocuteurs, et en utilisant, bien sûr, toutes les techniques de communication « classiques » (questionnement, transactions bienveillantes, reformulation).

AVANT TOUTE CHOSE, LA PRATIQUE
DES « TECHNOLOGIES D'INFLUENCE »
IMPLIQUE QUE L'INTERVENANT SOIT : →

1. BRANCHÉ EXTERNE (« UPTIME »)

Cela signifie qu'il « utilise » les 5 à 9 (7 ± 2*) informations qu'un individu peut capter consciemment à la fois centrées sur l'extérieur de sa personne – c'est-à-dire essentiellement sur son interlocuteur.

Ceci est l'opposé de l'état **branché interne** (en anglais : **Downtime**), où l'individu oriente ses capteurs vers son monde interne – notamment ses pensées.

2. LA CALIBRATION

Pratiquer la calibration (ou *calibrer)* signifie observer finement les comportements conscients et inconscients, sur tous les registres sensoriels de son interlocuteur.

> ➪ **Très important :** CETTE PREMIERE CONDITION DE L'ÉTABLISSEMENT D'UN RAPPORT PUISSANT SE CARACTÉRISE PAR L'ABSENCE LA PLUS TOTALE POSSIBLE D'INTERPRÉTATION !

* Les travaux de Georges Miller ont établi qu'un individu moyen peut concentrer son attention sur 7 éléments, en même temps. Des individus moins doués ne peuvent pas dépasser la concentration sur plus de 5 éléments, tandis que des personnes plus douées peuvent se concentrer sur 9 éléments, d'où l'utilisation d'une expression consacrée : « 7 ± 2 informations ».

C'est-à-dire que, extrêmement prudents sur la façon dont nous sommes portés…

> ➩ Vous savez ! Là où, très facilement, on affirme, à propos des autres « Je vois bien qu'elle est en colère, qu'il est joyeux ! » « Je sais qu'elle est triste, qu'elle est toujours comme ça quand elle a peur »…

…à donner rapidement du « sens » aux comportements de nos interlocuteurs – et surtout, conscients de ce que ces interprétations doivent au cerveau de l'observateur, les super-intervenants se gardent soigneusement de la tentation d'interprétation. Ils limitent volontairement leur attention aux **faits observables et décrits**.

En psychothérapie, cette façon d'agir surprend tous ceux qui voient encore les psychothérapeutes comme des « juges » suprêmes, et cela contribue au succès grandissant de la PNL comme mode d'intervention « sans douleur » dont nous reparlerons plus loin.

Tout comme nous verrons plus loin, comment l'utilisation du méta-modèle permet de « donner sens » aux comportements et aux propos de l'interlocuteur.

Mais qu'observent donc les super-intervenants ?

Outre les **macro-comportements**, qui sont ce que tout le monde observe généralement (gestes, attitude générale du corps), ils se montrent attentifs à ce qu'on appelle les **micro-comportements** : ces aspects du comportement qui échappent en général à l'observation habituelle de l'intervenant *« parce qu'ils se manifestent d'une façon très discrète – peu affirmée – et qu'ils demandent une acuité sensorielle accrue de la part de l'observateur »*[1] et qui ont été présentés au chapitre 3.

Les travaux du bio-neurologue Robert Dilts ont appris à Bandler et Grinder que ces changements étaient dus à des changements dans le cerveau de l'interlocuteur.

Une fois encore, il faut ici se prémunir du risque d'interprétation.

Ces changements ne sont « que » les indices de ce que *« quelque chose est en train de se passer dans la tête »* de la personne que l'on a en face de soi.

Il ne s'agit que d'indices, un peu comparables aux changements de fond de teint, de rouge à lèvres chez la femme, dont on sait combien certains hommes les perçoivent avec une acuité extrêmement fine... alors que d'autres ont besoin d'un changement de coiffure pour apercevoir quelque chose.

3. LA SYNCHRONISATION

C'est le nom donné à une attitude qui consiste à « accorder » son comportement corporel et verbal à celui de son interlocuteur, dans une forme de mimétisme, de *« repro-*

1. *Dico PNL* : voir *Bibliographie*, p. 227.

duction fidèle et discrète de certains aspects de l'expérience subjective de notre interlocuteur », comme le définit le *Dico PNL*[1].

Du strict point de vue du vocabulaire, le mot *synchronisation* devrait être appliqué au langage non verbal, tandis que le mot *appariement* (mise en *paire*) décrirait plus justement cette intention au niveau verbal, mais l'usage veut qu'on utilise *« synchronisation »* pour parler des deux modes de mises en accord.

L'utilisation de cette manière de faire – devenue véritable « outil », depuis la systématisation de la formation en PNL – pose rapidement au patricien en PNL la question de son intégrité (voir chapitre 10, p. 177).

En effet, si une personne cherche à utiliser cet outil dans un but qui n'est pas favorable à son interlocuteur (mauvais usage de cette technique d'influence), ce qu'il fera, ce sera « singer » son interlocuteur qui, tôt ou tard, s'en apercevra et rompra le rapport.

Cet « accord » – cette façon de « s'accorder » à son interlocuteur – pour réussir – est donc fort dépendant de l'intention positive de l'intervenant à l'égard de son interlocuteur.

Voilà qui explique pourquoi cette « réalité » a d'abord été observée chez des psychothérapeutes exceptionnels, connus pour leur habileté à réellement aider leurs clients.

Il ne s'agit absolument pas d'une « invention » de la part de ces psychothérapeutes, car la synchronisation se pratique d'une manière spontanée depuis… la nuit des temps.

Bandler et Grinder pensent que c'est le haut niveau d'intégrité des psychothérapeutes qu'ils ont observé, qui a

1. Voir *Bibliographie*, p. 227.

poussé ces derniers à mettre cette pratique quasi naturelle à l'œuvre dans leurs comportements d'aide.

Mais qu'est-ce que cette synchronisation, et sur quoi porte-t-elle ?

Dans son application, il s'agit d'adopter :

- **une position** générale du **corps** très proche de celle adoptée par son interlocuteur
- **un accompagnement des gestes** éventuels, leur reproduction dans certains cas,
- **une « harmonisation »** des principaux éléments intervenant dans l'expression verbale : ton général et dynamique de l'expression parlée, hauteur, volume, tessiture de la voix de son interlocuteur
- **un appariement avec le mode d'expression verbal** digital de son interlocuteur : emploi des mêmes expressions, des mêmes « prédicats » (expliqué ci-dessous), et jusqu'à l'emploi des mêmes mots.

Cette manière d'agir – rappelons-le – se pratique depuis la nuit des temps. C'est celle que, spontanément, vous avez très probablement pratiquée en vous baissant au niveau d'un petit qui s'était blessé et que vous vouliez aider ou consoler, le jour où vous vous êtes baissé d'un mètre pour vous « mettre à la même hauteur » que votre petit interlocuteur d'alors. Vous vous êtes synchronisé à lui !

Une autre situation que, je suis porté à le croire – compte tenu de ma Carte du Monde – puisque vous avez ce livre entre les mains, vous avez probablement expérimentée : un déjeuner en amoureux…

Pour votre apprentissage de la PNL, essayez donc d'observer un couple d'amoureux la prochaine fois que vous irez au restaurant !

Observer quoi donc ?

Comment deux personnes amoureuses se synchronisent corporellement et verbalement de part et d'autre de la table. Observez comme leurs corps, leurs attitudes générales sont «parallèles», combien l'un semble «faire miroir» à l'autre.

Et si vous pouvez le faire, sans risquer de passer pour un voyeur, tendez l'oreille (sans écouter le sens des mots, mais uniquement leur musique, leur couleur; j'ai dit : pas de voyeurisme !), vous serez sans doute impressionné par l'harmonie qui y règne.

Ils sont « synchrones », ils font, sans le savoir, de la synchronisation. Et vous savez bien que s'ils terminent la soirée au lit – et que cela continue à bien se passer entre eux – ils l'achèveront dans cet acte de « super synchronisation » qu'est l'acte sexuel !

« Pourvu qué cela dourre ! » comme dit un autre, dans un autre livre[1].

Mais cela, c'est une autre question.

D'ailleurs, il n'y a pas que dans l'acte sexuel, ou dans le fait de s'accroupir pour consoler un petit, que les gens se synchronisent spontanément.

Dans un livre, je ne peux que vous en proposer l'illustration par des dessins qui re-présentent des scènes de la vie courante, tels que ceux-ci :

---

1. Voir *L'amour, c'est quoi ?*, *Bibliographie*, p. 2.

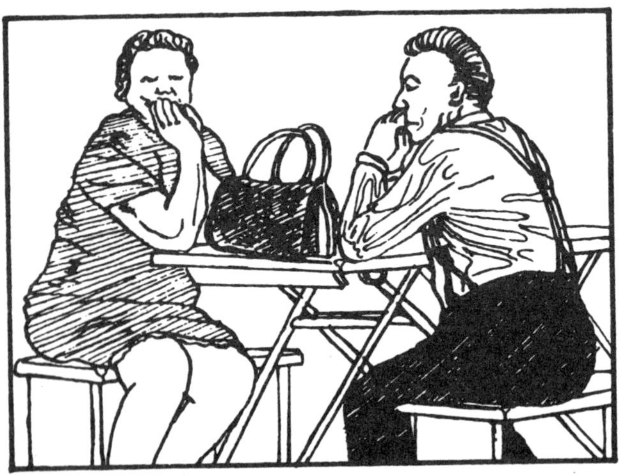

Dans le langage courant, on parle souvent de deux personnes «branchées sur la même longueur d'onde ».

4. L'ATTENTION PORTÉE AUX PRÉDICATS

La synchronisation, a-t-il été dit plus haut, implique également l'utilisation des mêmes prédicats.

Les prédicats sont les mots qui sont en relation avec un système de représentation VAKO/G.

Voici la liste des prédicats les plus courants :

Liste des principaux prédicats

En rapport avec les systèmes :			Sans rapport :
Visuels	**Auditifs**	**Kinesthésiques**	
voir	entendre	sentir	éprouver
regarder	écouter	toucher	comprendre
considérer	résonner	saisir	penser
apparaître	jouer	s'emparer de	expérimenter
montrer	harmoniser	échapper à	apprendre
se faire jour	accorder	s'emboîter	procéder
révéler	être tout ouïe	accrocher	décider
envisager	étouffer	contacter	motiver
éclairer	sourd	jeter	considérer
clignoter	dissonance	tourner	changer
éclaircir	déphasé	autour du pot	percevoir
fumeux	sous-entendu	dur	insensible
pointer	inouï	pétrifié	distinct
brumeux	criard	embobiner	concevoir

Liste des principaux prédicats (suite)

En rapport avec les systèmes :			Sans rapport :
Visuels	**Auditifs**	**Kinesthésiques**	
pétillant clair comme de l'eau de roche polariser imaginer	discordant	coup de main	avoir conscience savoir

5. LA TRADUCTION

Les super-intervenants pratiquent encore ce que l'on nomme la traduction, c'est-à-dire la transposition d'un mot par un prédicat correspondant au système de représentation dominant chez leur interlocuteur, ou d'un prédicat par un autre.

➪ L'intervenant a observé que le système de représentation dominant de Julie était le système **V**isuel. Lorsque celle-ci rapporte les confidences que son ami lui a faites sur son état d'homme marié, elle éprouve une gêne et reprend les mots de ce dernier :

— Il me dit que ce n'est pas un obstacle à notre relation…

Le super-intervenant lui répond :

— Et c'est un point de vue qui ne vous convient pas.

Julie manifeste alors un sentiment d'approbation :

— Je vois que vous, au moins, vous me comprenez.

➩ Face à un couple en dispute pour des questions de mise en ordre du logement, on raconte que Virginie Satir traduisait la doléance d'une femme (chez qui dominait le système **V**isuel, qui disait « Quand je rentre et que je vois ces affaires qui traînent partout ! ») à son mari (chez qui prédomine le système **K**inesthésique) de la manière suivante :

— Qu'est-ce que ça vous fait, à vous, Monsieur, d'entrer dans un lit où se trouvent des miettes de biscuits ?

COMME INDIQUÉ EN TÊTE DE CE CHAPITRE, LES 12 MANIÈRES D'AGIR ET DE FAIRE, TRANSFORMÉES EN « OUTILS DE PRATIQUE » PAR LA FORMATION À LA PNL, SE PRATIQUENT SIMULTANÉMENT : C'EST CE QUE LE PARAGRAPHE SUIVANT EXPLICITE.

6. LE MÉTA-MODÈLE

La linguistique et la sémantique sont des disciplines riches et complexes qui étudient, depuis de nombreuses décennies, les rapports entre l'homme et ses langages.

Et ce n'est pas d'hier que date la découverte d'une relative inadéquation entre le langage et sa finalité : la représentation symbolique de la réalité.

Des tonnes d'ouvrages ont déjà été publiés à ce sujet !

Mais peut-être n'êtes-vous pas familier avec les exercices subtils que proposent ces sciences humaines dont les grandes figures sont Chomsky et Korzybski (ce dernier ayant eu le mérite de chercher à dépasser les difficultés inhérentes aux limites du langage). Korzybski est le père d'une discipline fort intéressante, dont le rayonnement n'a pas atteint ses promesses : *la sémantique générale*[1].

La PNL doit beaucoup à la sémantique générale.

Dans son esprit, le méta-modèle en est très proche.

Il s'agit d'un modèle représentant les mécanismes utilisés par une personne pour transformer ses expériences en paroles.

Puisque nous savons que le langage ne représente qu'assez imparfaitement la réalité vécue par une personne, les fondateurs de la PNL ont repéré comment faisaient les super-intervenants pour détourner cette difficulté.

Ils ont consigné les manières par lesquelles les gens « déforment » l'expression la plus exacte possible de la réalité.

1. Voir *Bibliographie*, p. 229.

La PNL appelle ces « déformations » des violations du méta-modèle.

Le caractère utile et pratique du méta-modèle, c'est qu'il propose des exemples des types des violations repérés, et surtout, des questions à poser pour retrouver l'information « déformée », supprimée, distordue ou généralisée.

Autrement dit, les super-intervenants – bien au fait de ce que la plupart de leurs clients « transforment », généralement d'une manière peu consciente, la réalité – pratiquent une façon bien particulière de confronter, c'est-à-dire interviewer[1] respectueusement ces derniers, pour restituer la réalité décrite.

C'est l'ensemble des repérages de ces formes « détournées » et des questions destinées à retrouver la réalité qui constitue le **méta-modèle**.

« Sans langage, il n'y aurait pas de guerre »

Arthur Koestler

Déformations-violations ➟ Questionnement

1. Les malformations sémantiques

Il s'agit d'erreurs de *conception*, passées dans le langage. Et notamment celles concernant la juste responsabilité des actes. Comme le précisent Bandler et Grinder :

1. Je préfère utiliser le verbe « *interviewer* ». Selon ma Carte du Monde, il me paraît mieux exprimer le caractère respectueux de ce questionnement, que le mot « *questionner* ».

« Une façon de distordre la Carte du Monde […] *est de placer hors de* [votre] *contrôle les responsabilités qui se trouvent sous* [votre] *contrôle* […] *On ne peut affirmer que les gens puissent faire faire aux autres des choses qui ne sont pas sous leur contrôle volontaire. »*

➩ **La relation « cause-effet »**

= Erreur d'appréciation de la vraie cause.

Exemple :

« Il me rend nerveux » ➠ *« Qu'est-ce qu'il fait, exactement, pour cela? »*

et ensuite :

«Comment faites-vous pour vous rendre nerveux avec cela ? »

➩ **Lecture de pensée**

= Interprétation abusive.

Exemple :

«Il ne m'apprécie pas» ➠ *«Comment le savez-vous ?»*

➩ **Confusion sentiments/comportements**

= Amalgame inadéquat.

Exemple :

« Je pense que c'est pénible » ➠ *« Vous voulez dire que cela vous rend… triste ? »*

➩ **Equivalence complexe**

= Déduction abusive.

Exemple :

« Il me regarde bizarrement, il doit me juger » ➠ *«En quoi le fait qu'il te regarde comme ça te permet-il de tirer cette conclusion ? »*

⇨ **Double contrainte**

= Ordre contenant une impossibilité.

Exemple :

« Sois spontané » ➠ « Comment puis-je faire cette chose qui ne se commande pas ? »

2. Les généralisations

⇨ **Quantificateurs universels**

= Attribution abusive de caractéristiques.

Exemple :

« Personne ne m'aime » ➠ « Personne ? Vraiment personne sur terre ? »

« Les hommes sont des … » ➠ « Tous les hommes ? »

⇨ **Mots et verbes non spécifiques**

= Manque de précision.

Exemple :

« La communication ne va pas entre nous » ➠ « En quoi, exactement ? »

⇨ **Opérateurs modaux**

= Verbes d'obligation.

Exemple :

« Je ne peux pas lui dire… » ➠ « Qu'est-ce qui se passerait si tu lui disais ? »

⇨ **Nominalisations**

= Une action est transformée en nom commun.

Exemple :

« Mon divorce ne marche pas… » ➠ « Que fais-tu, exactement, pour faire progresser cette procédure ? »

3. Les suppressions

⇨ **Suppression simple**
Exemple :
«Je suis en colère» ➠ *«Sur qui ? A propos de quoi ?»*

⇨ **Référence manquante**
Exemple :
« Ça, c'est son problème » ➠ *« Qu'est-ce qui est son problème ? »*

⇨ **Origine perdue**
Exemple :
« C'est mal de mentir » ➠ *« Qui dit cela ? C'est mal pour qui ? »*

Si le méta-modèle est un outil de référence utile tout au long d'une relation d'influence, il est évident qu'il occupe une place tout à fait prépondérante dans la définition de l'*état présent* d'une situation, ainsi que dans celle de la définition d'objectif.

L'*état présent* est la situation de départ devant laquelle se trouve un psychothérapeute, une personne devant un collègue, un vendeur devant un client, avant de prendre en considération l'*état désiré* (voir p. 126).

Il ne faut pas se méprendre sur l'utilité du méta-modèle.

Cet outil n'est à « consulter » qu'en cas de nécessité.

J'ai mis le mot consulter entre guillemets, puisque pour les intervenants efficaces, il est « intégré ».

7. LA FRAGMENTATION (« CHUNKING »)

Compte tenu du présupposé n° 7 – selon lequel un problème est plus facile à gérer quand on le fractionne –, il est fréquent de voir les super-intervenants pratiquer le « découpage » ou « fragmentation ».

Exemple :

— Ce que je voudrais, c'est être plus heureux dans ma vie.
— Dans quel aspect de votre vie ?
— Dans tous les aspects.
— Je pense qu'il serait plus facile de les aborder les uns après les autres. Par lequel souhaitez-vous commencer ?
— Par celui qui est lié à ma difficulté à garder un partenaire.
— OK, c'est quoi, précisément, garder un partenaire, pour vous ?

8. LA VÉRIFICATION ÉCOLOGIQUE

C'est un comportement par lequel l'intervenant vérifie si les objectifs et les perspectives de changement sont compatibles avec l'écologie personnelle de l'interlocuteur, c'est-à-dire l'harmonie qui règne avec sa propre personne et avec son entourage.

9. LES OBJECTIONS COMME RESSOURCES

Les super-intervenants n'essaient jamais de s'opposer aux « objections », aux « résistances » de leurs interlocuteurs.

Bien au contraire, ils traitent celles-ci comme ressources – puisqu'elles signifient quelque chose d'important dans la Carte du Monde de leur interlocuteur.

Manière de faire : recadrage de ces objections.

Recadrer consiste à modifier le sens qu'une personne donne à une situation ou un comportement.

10. L'UTILISATION DE MÉTAPHORES

C'est Guy De Porre qui, le premier, me faisait remarquer combien les très bons communicateurs faisaient fréquemment usage de métaphores.

Une métaphore est une histoire, un conte, un proverbe, une fable, un jeu, une parabole, un dessin qui transpose un message du monde de son expression concrète à un monde abstrait (ou inversement).

Son avantage, c'est qu'elle décrit le contenu d'un message en une forme généralement plus acceptable pour l'interlocuteur à qui elle est adressée.

Son originalité est décrite par le proverbe qui dit qu'*un bon dessin vaut parfois mieux qu'un long discours !* (Voir chapitre 12, p. 199.)

11. LA PRATIQUE DE L'ANCRAGE

D'abord, répondons à la question : « C'est quoi, un ancrage ? »

Je choisirai l'exemple classique de l'ancrage auditif, que peuvent représenter certaines musiques.

Avez-vous observé qu'à l'écoute d'une musique (un stimulus) entendue dans certaines conditions, vous pouvez vous mettre dans « un certain état » ?

Avez-vous remarqué que l'écoute de la même musique, dans un environnement cependant très différent, peut vous permettre de retrouver cet état ?

En PNL, on dira qu'un **ancrage auditif** (dû à un stimulus), a permis de reproduire un certain état.

Une fois de plus, les simples diront : « Bien sûr ! C'est normal ! »

Alors qu'il se passe là quelque chose d'extraordinaire.

Imaginez qu'un certain morceau de musique puisse vous mettre dans vos meilleures dispositions, dans votre état d'**excellence**.

Eh bien, c'est ce que les super-intervenants pratiquent avec leurs clients.

Quand l'un de ses clients « atteint » un état de haute disponibilité vis-à-vis de ses ressources (et croyez-moi, cela arrive en face d'un bon intervenant, maîtrisant la PNL !), l'intervenant propose alors de fixer un « ancrage » (un moyen choisi avec le client), comme, par exemple, un mot en rapport avec l'objectif, sur un ton particulier, et que le client pourra prononcer lorsqu'il aura une difficulté à atteindre son objectif. Dans le cas imaginé plus haut d'un homme « qui ne parvenait pas à garder une partenaire », ce peut être le prénom de cette partenaire.

Pour que l'ancrage « replonge » notre client dans l'état de ressources auquel il avait accédé en face de l'intervenant, il faut – impérativement – que ce prénom soit prononcé avec la même intensité, le même volume, la même hauteur de son, que lors de la fixation de cet ancrage : « EMMA-NU-ELLE ! ! ! »

Et la même chose peut se faire sur le plan visuel (avec des images, des photos, par exemple) ou sur le plan kinesthésique, avec des gestes (mettre sa main sur son épaule, son genou, toucher un objet), l'important étant de reproduire un regard, une écoute, un toucher, exactement comme lorsque l'intervenant – le praticien PNL, par exemple – a proposé de le faire, parce que sa calibration lui avait permis de reconnaître en nous un état d'excellence.

Le principe de l'ancrage est vieux comme le monde.

Ce qui est nouveau, c'est d'avoir constaté l'utilisation volontaire, maîtrisée et positive qu'en font les super-intervenants[1].

---

1. Les caricaturistes de la PNL disent « *La PNL, c'est quelque chose qui dit aux couples :* "Ne vous disputez pas au lit, sinon le lit devient une ancre associée à la dispute !" » Et il est bien pertinent d'attirer l'attention sur ce genre d'ancrage pratiqué spontanément par beaucoup de gens !

12. LE PONT VERS LE FUTUR

Cette pratique consiste à **tester** la qualité des décisions prises au terme de la relation.

L'intervenant invite son interlocuteur à imaginer comment il sera, ce qu'il fera une fois l'état désiré atteint (ce qu'il verra, entendra, ressentira) tout en calibrant ses réactions.

L'ensemble des « outils PNL » présentés au cours de ce chapitre est fort utile à toutes les formes de relations humaines. Dans tous les domaines où il y a passage d'un état présent à un état désiré, ils sont indispensables à une bonne évolution vers cet état.

Ce qui suit va donc s'appeler **l'intervention** proprement dite. Celle dans laquelle l'intervenant choisit et propose l'une ou l'autre méthode (celle qui lui paraît la plus adéquate, dans sa panoplie). A partir de ce moment, il est évident que l'intervenant propose et conduit la relation vers l'état désiré.

On peut également dire que ce qui a été décrit dans ce chapitre sont les conditions de comportement qui caractérisent généralement les **relations humaines authentiques** d'affection, de tendresse, d'amitié sincères.

POURQUOI ÇA MARCHE ?

Des quantités importantes d'ouvrages, psychologiques ou non, font démonstration de ce que *l'homme est toujours un loup pour l'homme*. Et il n'est même pas nécessaire que *l'autre* soit un inconnu pour que le rencontrer soit perçu comme menaçant. Même si la menace est « faible » : risque de dévalorisation légère, ironie subtile, etc.

Notre inconscient se « sent » beaucoup plus souvent « mis en jeu » que bien des personnes ne le reconnaissent. Or, la grande force des attitudes préconisées dans ce chapitre, c'est que les techniques d'influence de la PNL agissent sur l'inconscient comme de **puissants réducteurs de menace**.

Ce qui ne va pas, sans poser, une fois encore, la question de l'**intégrité** des personnes qui les utilisent (voir chapitre 10, p. 177).

Comme le dit Gene Early : *« Si on utilise et reproduit les mêmes structures de communication que celles de son interlocuteur, on réussit sa communication. »*

La lecture des quelques modèles décrits dans le chapitre 9 (p. 149) permettra de comprendre pourquoi le praticien *doit* absolument établir un **rapport** profond avec son client.

Chapitre 6

CHANGER, C'EST SAVOIR CE QU'ON VEUT

« Un problème bien énoncé
est à moitié résolu. »

« Le bonheur, c'est savoir ce qu'on veut,
et le vouloir intensément. »

F. Marceau

Même les actions les plus simples de l'existence (manger, se déplacer) sont, à un moment donné, un *projet*.

Nous dirons, avec la PNL, un **objectif**, un but à atteindre : il s'agit de passer d'un état présent à un état désiré.

PASSER DE L'ÉTAT PRÉSENT À L'ÉTAT DÉSIRÉ

Etat présent (EP) ⇨ **Etat désiré** (ED)
(ou état actuel)

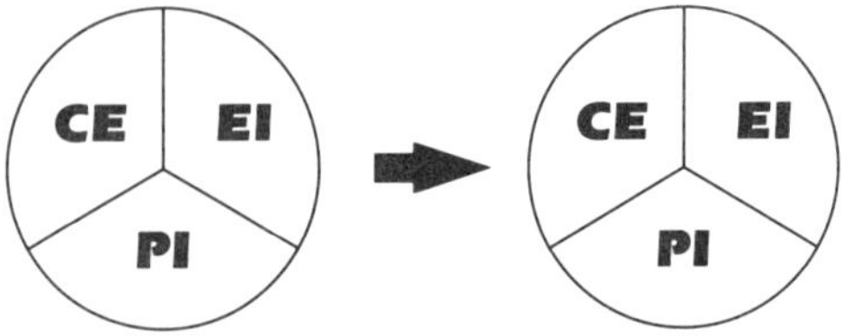

par le biais de **PROGRAMMES** :

les programmes, ce sont ces processus à base de stratégies par lesquels une personne agit, se comporte, communique, de manière à atteindre ses buts.

L'EP est fait de sensations, de réalités matérielles ; c'est le résultat des relations de la personne avec son entourage ; il est influencé par les valeurs et les croyances de la personne.

L'ED, ce sont les objectifs à atteindre, la finalité (avec ses objectifs intermédiaires).

Passer d'un EP (état présent) à un ED (état désiré) implique que l'on *sache ce qu'on veut.*

Bien savoir ce qu'on veut, c'est formuler ses désirs, ses envies, ses besoins (à commencer par se les formuler pour soi-même). C'est, en quelque sorte, les transformer en *objectifs.*

On pourrait croire à une série de lapalissades en lisant les phrases qui précèdent, et cela prêterait peut-être à sourire, si le monde de la psychothérapie ne nous avait appris qu'un nombre important de problèmes psychologiques «coincent» à ce niveau : la formulation de ce que l'on souhaite.

Voyez autour de vous, et observez comme beaucoup sont incapables de formuler un objectif **mobilisateur de ressources.**

L'esprit de ce que nous appelons l'objectif mobilisateur peut être illustré par la formule : ***« Aidez votre cerveau à vous aider ! »***

> ⇨ Qui, de ces deux amis qui vous le demandent, parce que vous habitez une cité balnéaire, pourrez-vous le mieux satisfaire ?
>
> Pierre qui vous écrit : « Pourrais-tu t'occuper de la location d'un appartement entre 3000 F et 5000 F, pour la période du 1er au 15 juillet prochain ? », ou Jean qui vous écrit « Je ne sais pas où aller en vacances, cette année. Y'aurait pas quelque chose de pas trop cher, dans ton coin ? »

Lequel des deux exprime-t-il un « objectif » à partir duquel vous pouvez mobiliser vos ressources, afin de lui donner satisfaction ? A vous de juger !

LES TECHNIQUES DE RÉSOLUTIONS
DE PROBLÈMES, AUXQUELLES LA PNL
A EMPRUNTÉ LEURS OUTILS, ONT ÉTABLI ➔:

LES CONDITIONS D'UN OBJECTIF MOBILISATEUR

Pour qu'un objectif présente des chances de mobiliser les ressources personnelles d'une manière optimale, il faut impérativement :

1. Qu'il soit formulé en termes positifs

On sait aujourd'hui qu'un message formulé négativement est « irrecevable » pour une partie importante du cerveau.

Dans un message formulé négativement, le fonctionnement du cerveau est tel qu'il se concentre sur l'obstacle (le problème) au lieu de se concentrer sur l'objectif.

Voilà pourquoi tant de *« Je ne veux plus que... »* ne « marchent » pas. Il faut aussi qu'il ne comprenne pas de comparaison. Mieux vaut *« Je veux passer de bonnes vacances à la côte »*, que *« Je ne veux plus m'ennuyer dans la capitale »* ou que *« Je veux passer de meilleures vacances »*...

2. En termes concrets et réalistes

Ici, ce sont les généralisations, les rêves, et surtout les illusions – bien plus répandues qu'on le croit – qui ne « marchent » pas.

Voilà pourquoi les intentions « vagues » ne marchent pas, telles que *« Je veux que ça aille mieux... »*

Par réalisme, il faut aussi entendre que l'objectif soit réellement du ressort de la personne qui l'exprime. Voilà aussi pourquoi ne marchent pas tous les *« Je veux qu'il (ou qu'elle)... »* Mieux vaut : *« Je veux louer un appartement à la côte, payé par moi-même »* que *« Et ils n'ont qu'à m'inviter chez eux »* !

3. En termes spécifiques et vérifiables

Il s'agit d'une précision supplémentaire. Pour qu'un objectif soit mobilisateur, il doit être fait de manière spécifique, c'est-à-dire comprendre des termes vérifiables par son propre esprit.

Mieux vaut *« Je veux trouver un appartement à louer à La Baule entre 3000 F et 5000 F, entre le 1er et le 15 juillet »* que *« Je louerais bien quelque chose à La Baule »*...

Voilà pourquoi de très nombreux ouvrages de PNL proposent des grilles de définitions de buts, d'objectifs – assez semblables à celle que voici – que je vous encourage à appliquer, quel que soit le but recherché.

DÉFINIR UN OBJECTIF MOBILISATEUR

1. Qu'est-ce que je veux ?

(Exprimé en termes positifs !)

2. Puis-je le réaliser moi-même ?

3. Ai-je prise sur les éléments de cet objectif ?

4. Cet objectif peut-il être fragmenté en éléments plus faciles à réaliser ?

Si oui, lesquels ?

5. Comment saurai-je que j'ai atteint cet objectif ?

Que verrai-je ? Qu'entendrai-je ? Que ressentirai-je ?

6. Où, quand et avec qui est-ce que je souhaite atteindre cet objectif ?

7. Qu'est-ce qui m'empêche de l'atteindre actuellement ?

Faire la chasse aux croyances d'auto-dévalorisation et aux croyances « généralisées ». N'oublions pas que beaucoup d'entre nous ont « reçu » beaucoup de dévalorisations négatives : « Tu n'es qu'un incapable ! », ce qui est inexact, si vous avez ce livre entre les mains !

8. Quelles seront les conséquences positives et négatives de l'atteinte de cet objectif ?

9. De quelles ressources ai-je besoin ?

Informations, attitude, sensations, soutien, argent, aide : à qui vais-je les demander ?

10. Comment vais-je entreprendre l'atteinte de cet objectif ? Quel sera le premier pas ?

11. Y a-t-il plus d'une façon de l'atteindre? Laquelle choisirai-je ?

12. Quel délai est raisonnablement nécessaire ?

Faire la chasse aux croyances « généralisées » du genre « Ça, ça ne marchera jamais ! »

13. J'imagine mon objectif atteint (il faut le voir atteint, entendre ce qui sera dit, et éprouver ce que je ressentirai) **et je redéfinis une fois encore les étapes qui auront été nécessaires.**

14. J'entame le premier pas.

D'une certaine manière – et en implorant les excuses de l'Académie pour la formulation caduque :

ATTEINDRE SES OBJECTIFS, C'EST SAVOIR CE QU'ON VEUT ET VOULOIR CE QU'ON VEUT.

Chapitre 7

LES TECHNIQUES DE CHANGEMENT

«Il vaut mieux apprendre une stratégie
pour faire quelque chose
que prendre conscience des raisons
pour lesquelles on ne sait pas le faire.»

Gene Early

Avertissement

Bien que la démarche puisse paraître tentante aux yeux de certains, il est déconseillé de chercher à utiliser des techniques de changement de la PNL sans recourir à un praticien certifié.

De nombreux amateurs baptisent pompeusement leurs présentations de sensibilisation «Séminaire complet de PNL».

D'autres saupoudrent la présentation d'outils PNL de méthodes plus anciennes.

Nous ne saurions trop vous encourager à la prudence en cette matière.

Le succès de la PNL tient tout autant à l'extraordinaire démarche qui est la sienne, aux étonnantes recherches et synthèses qu'elle propose sur le plan de la connaissance du comportement humain, aux prodigieux outils qu'elle propose en matière d'amélioration des communications, qu'à la pertinence avec laquelle ses « techniques de changement » répondent aux préoccupations, aux problèmes de vie de nos contemporains.

Qui plus est, et contrairement à la croyance populaire selon laquelle tout travail psychothérapeutique, tout travail de changement s'accompagne obligatoirement de souffrance, de douleurs, elle propose au contraire :

LE CHANGEMENT SANS DOULEUR

En matière de changement personnel, ce qui a frappé Bandler et Grinder, c'est que les psychothérapeutes observés étaient peu portés à infliger à leurs patients les longues introspections – souvent douloureuses – des psychothérapies classiques.

Une caractéristique propre à presque toutes les écoles du Potentiel humain, c'est d'affirmer qu'il *« vaut mieux d'abord 'aller mieux' que de savoir pourquoi on n'allait pas tellement bien auparavant »*.

Et d'ajouter, comme Bandler et Grinder l'ont repris à leur compte :

« Le jour où vous irez mieux, vous aurez toujours le loisir d'aller rechercher pourquoi vous ne 'fonctionniez' pas tellement bien, antérieurement. »

Une démarche qui n'intéresse alors plus tellement de gens.

Cela est essentiellement permis par l'économie de la recherche du *pourquoi* des petits ou grands dysfonctionnements psychologiques. La démarche traditionnelle de la recherche du *pourquoi* relève d'une conception assez *« mécaniste »* de l'être humain, laquelle trouve son origine dans le monde médical – où elle est *(peut-être?)* plus justifiée : la psychothérapie est issue de la psychiatrie, elle-même fille de la médecine.

Même en groupe, le traitement des problèmes psychologiques par la PNL peut se pratiquer sans l'absolue nécessité de révéler le contenu ou le processus que l'on désire modifier.

LES OUTILS DU CHANGEMENT

Rappel : un changement est le passage d'un état actuel à un état désiré (voir p. 126).

Un changement : c'est une réorganisation des associations neuronales qui vont alors se dissoudre, se reformer, être renforcées ou diminuées;

> ➪ Le jour où vous « écoutez » vraiment – pour la première fois – une cantate de Bach, un thème de Miles Davis, vous changez. S'il s'agit vraiment de la première fois, c'est une expérience nouvelle pour votre cerveau. C'est un changement.

Les techniques de changement ont pour but de **faciliter** le passage d'un état actuel vers un état désiré. En PNL, comme le précise Monique Esser, *« elles visent à lever les processus limitants qui empêchent une personne d'user de sa capacité naturelle à atteindre ses buts ».*[1]

Elles proposent, en outre, des **ancrages** solides et l'application de principes de vérification de la pertinence et de la permanence du changement désiré.

Elles ont été mises en forme et enseignées aux praticiens de PNL. Maîtrisées par ces derniers, elles peuvent être combinées de multiples façons.

Traduites en termes PNL, les «problématiques» de beaucoup de nos contemporains entrent dans quatre grandes catégories, où les techniques de changement font merveille.

LES 4 PRINCIPALES FORMES D'INTERVENTION EN PNL

Dans la plupart des cas, il s'agit de reconsidérer les stratégies mises en œuvre par la personne – de lui proposer la modification d'une seule, ou de plusieurs opérations.

La personne est invitée à découvrir de nouvelles stratégies, dont elle ne soupçonnait parfois même pas l'existence.

1. Voir *Bibliographie*, p. 227.

Elle est invitée, avec grand respect, à faire siens ces changements.

J'ai déjà décrit plus haut l'importance de l'absence d'interprétation de la part du praticien de PNL.

Il en est de même à propos des jugements.

L'attitude enseignée dans les formations PNL correspond à un **présupposé supplémentaire en matière d'intervention** qui peut s'énoncer comme suit :

> « La personne qui consulte un praticien de PNL lui demande une aide. Généralement, et par rapport à l'état désiré qu'elle souhaite atteindre, elle a exploré ses capacités conscientes pour l'atteindre.
> Les mots «erreur» et «incapacité» appartiennent au monde des jugements.
> Il n'est pas adéquat de les utiliser dans le contexte d'une intervention.
> Il est nettement plus intéressant de tirer les enseignements des expériences passées, sans les juger.
> La personne qui sollicite l'aide du praticien possède les ressources dont elle a besoin.
> Le travail du praticien consiste à faire émerger la conscience de ces ressources, et ensuite, de proposer au client de les **associer** aux contextes adéquats. »
>
> **Gene Early**

1. De très nombreuses difficultés psychologiques sont dues aux limites des champs de connaissance et d'expérience du client. L'intervention consistera donc à **proposer un élargissement de la Carte du Monde**.

2. Bien des difficultés psychologiques sont dues à l'incapacité – l'une des plus répandues – de savoir tirer un enseignement des expériences vécues comme pénibles ou «ratées». La technique d'intervention adéquate est alors un **recadrage** (voir chapitre 9, p. 151).

3. D'autres difficultés relèvent de l'absence d'un type d'expérience ou de l'absence de connaissance de certains programmes. L'intervention consistera à **apprendre de nouveaux comportement, de nouveaux programmes, de nouvelles stratégies**, à créer de nouvelles parties, à modéliser des personnes maîtrisant ces savoir-faire.

4. Les expériences psychologiques les plus douloureuses concernent souvent des conduites, des croyances et des sentiments limitants, des conflits internes et/ou une représentation négative de soi.

Cela demande une maîtrise complète de l'ensemble des techniques PNL et autres – donc souvent le **changement d'histoire personnelle** – après **dissociation**, afin de permettre à la personne concernée de pouvoir analyser le contenu de ses expériences sans risque d'être submergée par ses émotions (voir chapitre 9, p. 150).

*

Parce que leurs fluctuations, leurs transformations sont très utilisées dans les techniques d'intervention, j'ai choisi de ne placer qu'ici les informations théoriques qui concernent :

LES SUBMODALITÉS

Les submodalités sont des caractéristiques détaillées des représentations. Par exemple, dans une opération visuelle, elles peuvent concerner la taille de ce qui est «vu» (grand ou petit), les couleurs associées à ce qui est vu, sa netteté, etc.

En voici quelques-unes :

Visuelles	Auditives	Kines-thésiques
taille	volume	consistance
format	provenance	
clarté	tonalité	durée
relief	amplitude	localisation
couleurs	voix d'homme,	poids
luminosité	de femme	texture
forme	clarté	mouvement
distance	durée	toucher
nuances	source	source interne
vision cinéma		
rêve externe		
etc.	etc.	etc.

Voici encore quelques éléments théoriques utiles à la compréhension du chapitre 9, consacré à la description technique de quelques modèles d'intervention :

LE CADRE «COMME SI»

Emprunté aux jeux d'enfant, il consiste à considérer les hypothèses, les éventualités, les fantasmes, «comme si» ils correspondaient à la réalité.

Par exemple, dans une recherche créative, il permet de dégager des avantages, sans devoir prendre directement en compte la «faisabilité» d'une idée. Il y a longtemps que l'on sait que c'est une condition importante de la créativité.

LES POSITIONS PERCEPTIVES

Pour faciliter la perception de « ce qui se passe », la PNL a emprunté à la Gestalt[1] la technique de variation des positions perceptives. On parle de plusieurs modes de perception, qui sont facilités par l'emploi de plusieurs sièges.

La position P1

Celle où je perçois les choses à partir de mon propre point de vue, où je réagis avec mes propres sentiments, ma Carte du Monde.

1. Voir *La Gestalt*, Marabout 3554.

La position P2

Celle où je me «mets dans les souliers de l'autre», où j'adopte le point de vue de l'autre.

La position P3 (ou position méta)

Position de l'observateur qui tient à la fois compte de l'autre, de lui-même et de la relation.

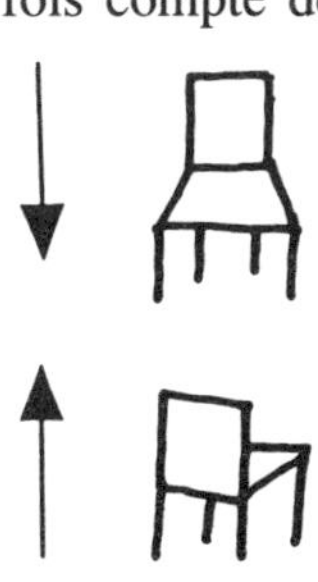

La position P4

Proposée par R. Dilts, elle ajoute un regard critique sur les évaluations portées par l'observateur. C'est pourquoi il la nomme *«position de l'ange gardien»*.

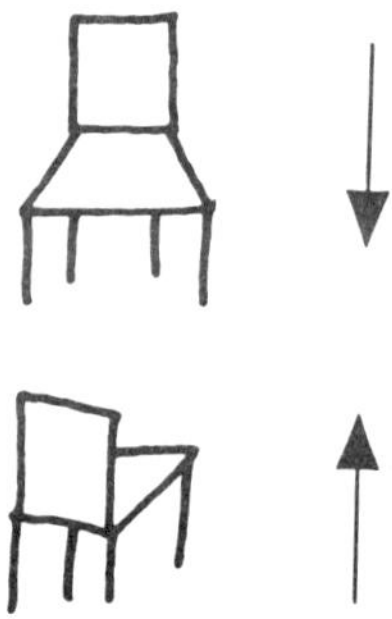

Chapitre 8

LES INTERVENTIONS EN PNL

« Le véritable voyage, ce ne serait pas d'aller vers d'autres paysages, mais d'avoir d'autres yeux. »

Marcel Proust

Dans ce chapitre est appelé **« intervenant »** toute personne qui utilise les outils de la PNL.

Il s'agit de considérer les actes de la vie où une personne agit, « intervient » face à une ou plusieurs autres personnes, et de considérer quels avantages elle peut tirer de l'application des outils de PNL.

La PNL a édifié un « modèle général d'intervention » pour toutes les situations où un individu a le devoir, ou le désir, de proposer à un interlocuteur – ou à un groupe – de passer d'un état présent à un état désiré.

EXEMPLES :

➪ **Mener une réunion d'information** en milieu professionnel, c'est inviter les participants à passer d'un état présent (leur état actuel d'information) à un état désiré (ce qu'ils devraient savoir à l'issue de la réunion).

➪ **Aider une personne qui vit un blocage personnel,** c'est l'aider à passer d'un état présent (où elle vit ce blocage) à un état désiré (qu'il faudra probablement aider à définir avec l'aide de la définition d'objectif mobilisateur et le méta-modèle).

➪ **Vendre une voiture – une idée – un service,** c'est proposer à une personne de la faire passer de l'état présent (où elle ne possède pas cette voiture, où elle ne connaît pas l'idée en question, où elle ne fait pas appel au service en question) à un état désiré.

➪ **Réussir une année scolaire pour un enseignant,** c'est mener les élèves qui lui ont été confiés d'un état présent (l'état actuel de leurs connaissances) à un état désiré (l'état de connaissances à acquérir selon le programme scolaire).

➪ **Aider un malade,** c'est lui proposer de passer d'un état présent (où il souffre) à un état désiré (de bien-être physique).

C'est à l'usage de tous ceux qui ont à « intervenir » de la sorte – et de bien d'autres façons non évoquées par la liste présente – que la PNL a édifié un « modèle général d'intervention ».

Attention! Même si ce modèle présente des similitudes avec les technologies des relations d'influence, il s'agit d'autre chose, même s'il y est assez souvent fait référence.

MODÈLE GÉNÉRAL D'INTERVENTION

1. Etablir le cadre de l'intervention

Il s'agit de bien définir ce pourquoi on est ensemble et, notamment, ce qui est inclus (ce qu'il est bon de faire) et ce qui est exclu (les frontières, ce qui ne se fera pas) de cette intervention.

Démarche : faire – et parfois refaire – cette précision.

2. Etablissement et entretien d'un rapport puissant

Créer une synergie entre l'intervenant et son (ses) interlocuteur(s).

Démarche : utilisation des technologies des relations d'influence (voir p. 99).

3. Rassembler les informations sur l'état actuel

Connaître l'état (la situation) actuel(le) d'un groupe ou d'une personne.

Démarche : questionnement classique.

4. Déterminer les objectifs, les résultats à atteindre

Identifier les buts désirés et *les décrire en termes sensoriels* (l'absence de ce dernier point explique les « ratés » fréquents dans les organisations).

Démarche : questions de l'objectif mobilisateur (voir p. 129).

5. Trouver l'accès aux ressources

Chercher les ressources permettant d'atteindre l'objectif fixé en 4. Ressources internes : souvenirs, expériences, imagination, stratégies. Ressources externes : observations, interrogations, demandes faites aux autres, compétences à solliciter.

Démarche : guider la (les) personne(s) pour chercher ces ressources, s'adresser aux intentions positives.

6. Intervention proprement dite

Action(s) pour passer de l'état présent à l'état désiré.

Démarche : toutes les techniques, tous les modèles appropriés (PNL ou autres) – des modèles PNL sont décrits au chapitre 9 (voir p. 149).

7. Vérification écologique

Vérifier l'impact et les conséquences de l'atteinte des objectifs sur la personne, sur les groupes (organisations : même remarque qu'en 4).

Démarche : questionnement.

8. Pont vers le futur

Associer les décisions prises avec un futur non vague.
Démarche : décrire les changements effectués et les ancrer.

> CECI EST UN OUTIL TRÈS PUISSANT POUR LA GRANDE MAJORITÉ DE NOS INTERVENTIONS. IL NE FAUT PAS SE LAISSER IMPRESSIONNER PAR SON ASPECT FORMEL. DANS CERTAINS CAS, UNE ÉTAPE PEUT NE DEMANDER QUE L'ÉCHANGE DE QUELQUES MOTS.

COMMENTAIRES

#1. Très utile pour éviter les égarements.

#2. Face à un groupe, considérer le groupe comme **une** entité, et les membres du groupe comme des micro-comportements de cette entité.

#4. En aide psychologique, étape demandant le plus de patience de l'intervenant — nos contemporains étant peu habitués à **traduire** leurs besoins, leurs désirs, en termes d'objectifs à atteindre.

#5. En aide psychologique, c'est une étape qui demande une vocation sérieuse de la part de l'intervenant, tant les gens manquent de confiance en leurs ressources.
Louis Fèvre raconte comment il répondait à une personne qui prétendait ne pas avoir de *partie créative : « Quand vous mettez des fleurs dans un pot, est-ce que vous les disposez en vrac, ou bien vous les arrangez en un beau bouquet ? »*

#6. Voir les exemples de modèles PNL décrits dans le chapitre 9 (p. 149).

#8. Ne pas oublier que le futur commence dès la fin de l'intervention.

Chapitre 9

QUELQUES MODÈLES D'INTERVENTION EN PSYCHOTHÉRAPIE

Paradoxalement, alors que les thérapeutes hors pair observés par les fondateurs de la PNL exerçaient leurs interventions avec une grande facilité (qui prenait même un caractère magique), la description technique des modèles présentés, rend obligatoirement la lecture de ce chapitre plus difficile.

Un seul d'entre eux (le squash) est illustré par l'exemple; nous avons préféré conserver un caractère synthétique de manière à alléger l'exposé.

Ce chapitre se limite à décrire quelques-uns des modèles d'intervention parmi les plus courants. Il n'est que relativement démonstratif, chaque praticien ayant à les faire « siens». La plupart sont basés sur des changements dans le cerveau de la personne aidée – des changements efficaces, qui échappent parfois à sa conscience claire.

Dans ce chapitre, *l'intervenant* sera appelé le **praticien**, et comme la PNL peut être utilisée bien en dehors d'une relation thérapeutique, la personne principalement concernée sera appelée le **sujet.**

1. LA DISSOCIATION VISUELLE KINESTHÉSIQUE

1. Le sujet décrit ce qu'il aimerait changer.
2. Le praticien conduit le sujet dans un état positif, présent et sécurisant, et propose d'ancrer cet état.
3. Le praticien demande au sujet de se souvenir de la première fois où il a éprouvé ce qu'il veut changer aujourd'hui, et de s'en faire une image précise et fixe.
4. Le praticien invite le sujet à regarder cette image dans la situation présente. Une fois que celui-ci y parvient, il ancre pour une deuxième fois.
5. Le praticien invite son sujet à modifier certaines submodalités de l'image (en plaçant l'image dans un film, dont il fait modifier la vitesse de déroulement, propose un dérouler en marche arrière, etc.) tout en prévenant le sujet qu'à un moment donné, il devra regarder l'image représentant la situation telle qu'elle s'est produite.
6. Le praticien aide le sujet à déduire les enseignements de cette expérience.
7. Une fois cela fait, le praticien suggère au sujet de retourner dans l'image avec la ressource de l'expérience, découverte en 6.
8. Le praticien suggère d'imaginer une situation à venir (dans un avenir assez proche) où il pourrait rencontrer la même difficulté, de façon à vérifier la présence du changement.

Pourquoi ça marche?

Les suggestions proposées par le praticien – lorsqu'elles sont acceptées par le sujet (ceci fait comprendre toute l'importance de l'établissement d'un rapport puissant entre le praticien et le sujet) – proposent au cerveau du sujet des expériences « inouïes » – au sens premier du mot, c'est-à-dire jamais vécues par le cerveau du sujet, dans le type de situation problématique décrite.

Cette découverte ou réorganisation se passe au niveau des stratégies mentales du sujet.

Pour ce niveau, c'est un vrai changement, qu'il faut ensuite ancrer positivement, pour que le sujet puisse le revivre dans une situation nouvelle.

2. LE RECADRAGE EN SIX PAS

1. Le praticien identifie un comportement (C) à changer.
2. Il établit la communication avec la partie du sujet responsable du comportement bloquant (B). Il demande respectueusement à cette partie si elle accepte de dialoguer avec lui. Il calibre toute sensation, image ou son qui serait une réponse à cette invitation. Si la partie est d'accord, il lui demande d'intensifier la réponse, sinon, d'en diminuer l'intensité.

3. Le praticien invite la partie responsable du comportement B à chercher quelle est son intention positive. Il vérifie que cette intention positive est acceptable – consciemment – par le sujet. Si la réponse est non, le praticien invite le sujet à considérer l'intention « comme si » elle était positive.
4. Le praticien demande à la partie responsable de B s'il existe d'autres manières de satisfaire la même intention positive, et si elle accepte de les examiner. Si la réponse est oui, le praticien invite le sujet à demander à une autre partie – sa partie créative – d'imaginer d'autres façons encore de satisfaire l'intention positive, puis d'en sélectionner deux ou trois pour le moins aussi satisfaisantes pour l'intention positive que ne l'était le comportement B.
5. Le praticien demande à la partie responsable de B si elle accepte d'essayer les deux ou trois autres manières de satisfaire l'intention positive.
6. Si le sujet donne son accord, le praticien fait une Vérification écologique et établit un pont vers le futur.

3. LA NÉGOCIATION ENTRE PARTIES

Il arrive fréquemment, dans la vie, qu'une personne éprouve une tension parce qu'une partie d'elle-même (partie A) désire faire quelque chose, alors qu'une autre partie d'elle-même souhaite faire autre chose (ou la même chose, autrement).

1. Le praticien aide le sujet à identifier les deux parties concernées. Il l'invite à les nommer – dans cette explication – *« partie A »* et *« partie B »*.

2. Ceci fait, il entame un dialogue qu'il répète avec chacune des deux parties. Il invite le sujet à s'asseoir sur un siège, pour la partie A, sur un autre, pour la partie B, et dispose d'un troisième (N pour une partie Neutre, et Négociatrice). Il demande à chacune des parties en conflit avec l'autre (donc à A et à B) de décrire ses intentions positives et de préciser ce qui l'empêche d'agir.
Il leur demande aussi si chacune des deux veut bien négocier avec l'autre.
Si l'une des deux répond négativement, il propose alors un autre modèle (par exemple, le recadrage en six pas).
Le praticien invite ensuite le sujet (en position N) à trouver des points convergents entre les intentions énoncées par chacune des parties.

3. Le praticien invite le sujet (en position N) à présenter les points communs aux deux parties et à demander à chacune si elle veut bien accepter de laisser l'autre partie agir, sans l'interrompre.

4. Après leur accord, il invite chacune des deux parties à s'imaginer dans le futur (pont vers le futur).

5. La vérification écologique prend ici une importance primordiale, car il s'agit de s'assurer de l'engagement « profond » de chacune des deux parties.

Il est fort rare que ce modèle ne crée pas de « réalités » nouvelles, dans l'esprit du sujet.

4. LE SWITCH

C'est une technique qui convient particulièrement pour traiter les problèmes d'image négative qu'un sujet peut avoir de lui-même, et qui sont, pour lui, générateurs d'angoisse, de peur, de tristesse, d'impuissance.

1. Le praticien aide le sujet à bien définir la situation dans laquelle ce dernier voudrait changer.

2. Il invite son sujet à créer une image de cette situation et de la placer sur un écran « imaginaire», devant lui. (On l'appellera **I nég,** pour « image négative».)

3. Il invite ensuite son sujet à créer une image de lui-même en pleine possession de ses moyens, dans un contexte neutre (pas celui de la situation problématique). Une image de lui-même tel qu'il sera quand il aura effectué les changements souhaités : son **I+++,** son image la plus positive de lui-même.

4. Le praticien invite alors le sujet à fermer les yeux, puis à se représenter l'I nég. Puis, sur son écran imaginaire, à faire apparaître, dans le coin inférieur gauche, l'I+++ en petit format.

5. Le praticien suggère au sujet d'employer un curseur imaginaire qui fasse agrandir la petit image (I+++) jusqu'à ce qu'elle ait entièrement recouvert l'écran.

6. Cette opération est répétée – mentalement – cinq ou six fois de suite, de plus en plus rapidement, en invitant le sujet à rendre cette I+++, de plus en plus brillante, éclatante.

7. Le praticien suggère de terminer cette intervention par la vision d'un écran blanc.

5. LE SQUASH

C'est une intervention qui vise à élargir les valeurs d'une personne, quand celles-ci s'avèrent gênantes, réductrices, ou – comme c'est souvent le cas – conflictuelles.

Comme dans toutes les interventions, elle suppose que le praticien soit capable de créer un rapport suffisamment profond pour que le sujet puisse exprimer ses valeurs en toute confiance. (Ce qui n'est pas forcément évident, si une valeur «problématique» du sujet est, par exemple, que la jouissance sexuelle ne peut être atteinte qu'à certaines conditions...)

1. Le praticien invite le sujet à identifier le conflit et les valeurs impliquées. Que veulent les parties? En quoi est-ce important?

2. Le sujet est invité à donner un nom (ou un symbole) à ces parties.

3. Le sujet est invité à «placer» chaque partie dans chacune de ses deux mains, et à les ressentir *«dans ses mains»*.

4. Le praticien invite son sujet à chercher les intentions positives qui sous-tendent chacune des parties, puis à définir leurs qualités.

5. Le praticien attire l'attention du sujet sur les aspects communs qui caractérisent les deux parties. Il invite le sujet à obtenir un accord de collaboration entre elles.

6. Le praticien invite alors le sujet à rapprocher ses deux mains.

7. Il signifie au sujet l'importance du travail accompli et propose de terminer l'intégration en mettant les mains sur la poitrine.

Exemple

P = le praticien; **T** = Thibaut, le sujet.

> ⇨ Thibaut vient de prendre conscience d'un conflit de valeurs dans son esprit : il a, à la fois, envie d'avoir des relations proches avec des gens et peur d'être envahi s'il se le permet.

T: *Il y a des moments où j'ai terriblement envie d'avoir des gens près de moi, mais j'ai tellement peur d'être « envahi » que je fais tout pour qu'ils restent éloignés de moi.*

P: Ce sont, sans doute, deux choses différentes que vous désirez... Vous n'êtes pas vraiment le seul... Et c'est vraiment normal de vouloir des choses comme celles-là.

T: *C'est bien ça! Le problème, c'est que ces choses sont contradictoires.*

P : Je comprends bien qu'actuellement ces choses vous paraissent contradictoires.

T : *Pourquoi dites-vous « paraissent contradictoires »? Est-ce que ce ne serait pas toujours le cas?*

P : En effet, tout le monde a besoin de se sentir proche ET de garder des distances, mais il y a aussi des gens qui vivent bien avec ces deux réalités... Si vous le voulez bien, nous allons chercher ce que ces deux parties de votre personne veulent de positif pour vous. Cela vous convient-il ?

T : *OK.*

P : Expliquez-moi un peu ce que la première partie a de positif, et ce qui est important pour elle.

T : *C'est une partie de moi qui a besoin de chaleur humaine, elle veut que je puisse être proche des gens, parce que c'est une bonne chose...*

P : Bravo! Vous avez décelé là quelque chose qui est vraiment important pour vous! Je vous invite alors à choisir l'une de vos mains, à y déposer cette partie de votre personnalité et à lui donner un nom.

Thibaut choisit sa main gauche et nomme cette partie « *Proximité* ».

P (montrant la main gauche de Thibaut) **:** Dites-moi... A quoi ressemble-t-elle?

T : *A un vieux poêle à bois, bien chaud!*

P : Très bien, je vous propose de la conserver bien au chaud dans votre main, et de nous occuper de l'autre partie...

Thibaut refait la même démarche avec sa main droite. Il baptise cette partie *« Protection »*, et la compare à un château-fort.

P : Donc, ces deux parties « Proximité » et « Protection » vous veulent chacune du bien, mais vous rendent la vie un peu difficile, la première veut se rapprocher des gens, tandis que la deuxième veut s'en éloigner, n'est-ce pas?

T : *C'est bien vrai, mais la vie serait plus facile, si je pouvais faire comme les gens qui vivent ça sans difficulté.*

P : Et c'est bien sûr possible, parce que ce qui compte le plus, comprenez-vous, ce n'est pas ce que ces deux parties vous font faire, mais ce qu'elles veulent... Ce que je vous propose maintenant, c'est de vérifier ce que chacune d'entre elles a comme « intention positive » pour vous. Voulez-vous en choisir une?

Thibaut choisir de considérer celle qu'il a baptisée *« Proximité »*.

P : C'est bien celle qui se trouve dans cette main-ci? (en montrant la main gauche de Thibaut). Voulez-vous lui demander pourquoi c'est important d'être proche des gens et pourquoi c'est une bonne chose?

T regarde sa main et répond **:** *Parce que cela permet d'être en accord avec soi-même et avec les autres, une sorte de belle harmonie... en quelque sorte.*

P : Fort bien. Puis-je vous inviter à faire la même chose avec votre autre main?

T après une minute **:** *Ce qui est étonnant, c'est qu'elle répond à peu près la même chose : être en harmonie avec soi-même et avec les autres!!!*

P : Savez-vous que votre étonnement est assez fréquent? On est convaincu que des parties de notre personnalité sont en conflit, et on découvre qu'elles veulent la même chose. Voyons un peu quelles sont les ressources à l'œuvre. Pouvez-vous me dire quelles sont les grandes qualités de « Protection»?

T : *Elle observe très bien tout ce qui se passe et elle est particulièrement prudente.*

P : Et en ce qui concerne « Proximité »?

T : *La chaleur humaine, l'affection et même... l'amour.*

P : Bien. je vous pose maintenant une autre question : Pensez-vous qu'elles pourraient assembler leurs qualités pour être utiles à l'une et à l'autre?

Après réflexion, Thibaut répond affirmativement.

P : Dans ce cas, voulez-vous leur demander – à chacune – si elle accepte de collaborer avec l'autre?

Thibaut prend un certain temps pour « interroger » l'une après l'autre, chacune des deux parties sollicitées, après quoi il répond :

T : *Elles sont effectivement d'accord pour une collaboration.*

P : Fort bien. Demandez-leur maintenant si elles accepteraient de former une seule partie qui leur assure d'être en harmonie avec vous-même et les autres...

T : *Pour ce projet-là, elles sont d'accord !*

P : Très bien. Alors, je vous invite maintenant à regarder chacune de ces deux parties dans vos mains, et à les rapprocher – à votre rythme – jusqu'à ce que vos mains se joignent. Quand vos mains se seront rejointes, vous aurez effectivement réuni ces deux parties en une seule.

Thibaut accepte la proposition et effectue le rapprochement avec une certaine lenteur.

P : Je vous félicite, vous venez d'effectuer un changement important qui va bien vous faciliter la vie. Que pensez-vous d'achever ce mouvement en rapprochant maintenant vos mains vers votre poitrine?

Thibaut esquisse un sourire; son visage exprime la sérénité.

6. LE GÉNÉRATEUR DE COMPORTEMENT

1. Le praticien invite le sujet à exprimer quelle « chose » il croyait ne pas être capable de faire, et qu'il voudrait apprendre.

2. Puis il l'invite à choisir une personne-modèle (réelle ou imaginée) qui maîtrise le comportement désiré, dont il est convenu qu'il s'agit de ne considérer que le comportement – et non les éventuels aspects de la personne en question, qui ne conviendraient pas au sujet.

3. Il propose ensuite de voir et d'entendre mentalement la personne-modèle, exerçant le comportement désiré.

4. Doucement, le praticien suggère à son sujet de se substituer vocalement à la personne-modèle, puis de se voir effectuant le comportement désiré, en entrant dans le « film mental», et en faisant l'expérience de sensations ressenties alors.

5. La vérification écologique consiste à vérifier « si ce nouveau personnage convient » au sujet, et propose un« pont vers le futur».

7. LE CHANGEMENT D'HISTOIRE PERSONNELLE

Il arrive fréquemment que des gens se sentent bloqués. Ils croient ne pas avoir les capacités nécessaires pour faire face aux difficultés actuelles.

Ceci est presque toujours lié à des événements du passé – qui ne peuvent, bien sûr, pas être changés.

Le modèle du changement d'histoire personnelle se propose d'agir sur un plan fondamental : l'interprétation donnée à ces événements et leur conséquence sur la sensation de blocage d'aujourd'hui.

Le modèle ne change évidemment pas les événements du passé, mais bien l'empreinte qu'ils ont laissée.

1. Pour effectuer un changement d'histoire personnelle, le praticien propose au sujet de prendre place sur un siège A.

2. Le sujet raconte un « événement » qui constitue un obstacle, par rapport à un objectif. Le praticien aide le sujet à y associer un ancrage kinesthésique négatif (K–).

3. Le praticien utilise l'ancrage négatif pour aider le sujet à retrouver un moment équivalent dans un proche passé où le sujet a éprouvé le même genre de sensation. Quand le sujet en a trouvé un, il est invité à le décrire. Supposons qu'il trouve une situation correspondante à cela, à l'âge de 35 ans – et imaginons que notre sujet en ait aujourd'hui 50.

4. Le praticien invite alors le sujet à remonter dans le temps, et à trouver plusieurs moments antérieurs où le sujet a éprouvé la même sensation négative.

   Il est, en particulier, invité à remonter jusqu'à la première fois où il a éprouvé ce type de sensation (plus le souvenir est ancien, mieux cela vaut).

   Pour la description, imaginons que le sujet en trouve à 20, 12, et 5 ans. L'ancrage négatif est le moyen d'aider le sujet à se remémorer plusieurs moments de sa vie (de préférence, trois à six).

5. Arrivé au moment le plus ancien dans lequel le sujet se souvient avoir éprouvé le même genre de sensation négative (5 ans), il est invité à revenir dans le présent.

   Le praticien propose un changement dans la position perceptive – de préférence, il recommande au sujet de prendre une position méta (sur un siège B).

   Il invite le sujet à considérer avec son expérience de vie d'aujourd'hui quelle est la – ou les – ressource(s) (R+) dont le sujet aurait eu besoin la première fois, pour faire face à la situation d'alors (5 ans).

   Le praticien aide le sujet à trouver un ancrage kinesthésique positif (K+) à associer à cette ressource et désigne le sujet par une appellation du genre : *« Vous êtes devenu un conseiller (C). »*

6. Le praticien invite le conseiller C – sur son siège B (en position psychologique « méta ») à s'adresser au sujet, imaginé assis sur le siège A, et à lui dire comment est la ressource et comment l'utiliser dans la situation la plus ancienne (5 ans).

   Le nouvel ancrage positif, proposé dans le point descriptif ci-dessus, en numéro 5, est éventuellement utilisé pour aider le sujet à imaginer l'emploi de la ressource R+ dans cette situation.

7. Quand cela est fait, le praticien propose la même démarche aux différents moments du passé qui ont été retrouvés, en suivant l'ordre normal du temps (ici : à 12, 20 et 35 ans).

8. Arrivé au présent, le praticien vérifie si le sujet accepte le changement et établit un « pont vers le futur».

8. LA MODÉLISATION

Modéliser un comportement que l'on désire acquérir peut se faire par la seule observation, notamment dans le domaine sportif et physique, où on peut se contenter ici de la simple imitation.

Mais, dans tous les cas, il est souhaitable de pouvoir « interviewer » la personne dont on souhaite pouvoir acquérir l'excellence dans un comportement.

Dans cet interview, il s'agit de prendre en considération les valeurs et les croyances de la personne « experte » – il est plus aisé de pouvoir « se mettre dans les mêmes chaussures » d'une personne avec laquelle on partage les valeurs et les croyances.

Dans l'interview, on veillera particulièrement à interroger les mots imprécis, non spécifiques.

C'est seulement quand on recevra des réponses au niveau des stratégies que l'on pourra considérer avoir atteint les éléments « qui font la différence».

Pour aider l'interviewé, on aura recours à des questions telles que :

• Dans quel état vous mettez-vous pour arriver à faire cela?

• Quelles consignes faudrait-il « programmer » à un super-robot qui devrait reproduire cette manière de faire, d'agir, de penser?

• Comment puis-je faire pour arriver à faire la même chose que vous?

• Quelles images me conseillez-vous de me représenter dans la tête?

• Y a-t-il des choses que vous vous dites à vous-même, des choses que vous ressentez, pour arriver à faire cela?

• Qu'est-ce qui « déclenche » cet état d'excellence en vous?

La modélisation est également vieille comme le monde. C'est probablement de cette manière (mais généralement, en n'analysant pas les choses à un niveau aussi subtil que celui des « stratégies ») qu'ont opéré les disciples de tous ceux qui, dans leur discipline, ont été considérés comme des « maîtres ».

Ceci pour dire qu'à côté des techniques qui opèrent d'une manière étonnamment rapide (comme le traitement d'une phobie, qui peut se faire en quelques minutes), la modélisation en est une qui demande – par contre – une grande patience!

9. ACCÉDER À SA PHYSIOLOGIE D'EXCELLENCE

Chacun de nous peut se souvenir d'un jour particulier de son existence, un jour où – comme il est dit dans le langage courant – on *« se sentait en pleine forme »*, ou *« en pleine possession de ses moyens »*.

Ce moment de haute performance, ainsi que le souvenir précis de la « mobilisation » de toutes vos ressources personnelles qui y étaient associées, est inscrit dans votre mémoire.

Je vous propose ici un exercice visant à le raviver. Pour cela, il vous faut disposer soit d'une serviette de toilette, soit d'un papier (environ 60 x 40 cm).

➪ Cet exercice vous sera d'autant plus utile qu'il sera« dirigé » par une personne bienveillante, à qui vous demanderez de lire les consignes suivantes :

1. Mets ta serviette sur le sol et place-toi à 50 cm devant elle.
2. Choisis un souvenir d'un moment de grande réussite (selon tes seuls critères).
3. Remémore-toi ce que tu voyais à ce moment-là.
4. Remémore-toi ce que tu entendais à ce moment-là.
5. Si tu t'y es dit quelque chose à toi-même, souviens-toi de ce que c'était et redis-le toi ici.

6. Entre maintenant en contact avec les sensations qui habitaient ton corps à ce moment-là.

7. Quand tu es bien en contact avec tous ces souvenirs-là, passe-les encore une fois en revue : les choses vues... les sons entendus... les choses que tu t'es dites à toi-même... les sensations de ton corps...

8. Quand tu es vraiment bien en contact avec tout cela, tu avances sur la serviette.

9. Maintenant, tu ressens avec intensité ta « physiologie d'excellence».

10. Tu donnes un nom à cette serviette, et tu le prononces en toi-même et, si tu veux, à haute voix.

Voilà. Grâce à **l'ancrage** réalisé dans l'étape 10, vous pouvez emmener votre serviette là où il vous plaît, la déposer sur le sol, prononcer le nom que vous avez donné à cette expérience, et retrouver votre physiologie d'excellence.

ET LES BONS CONSEILS?

Les bons conseils – les vrais – sont souvent de bons programmes pour réaliser quelque chose.

Leur exécution n'est (en général) pas « détaillée » jusqu'au niveau des stratégies à mettre en œuvre.

Mais qu'importe, dans ce cas. Je vous en propose deux – qui ne sont absolument pas des « inventions » du monde de la PNL. Mais que j'ai envie d'offrir à mes amis. Et, en fin de cet ouvrage, nous le sommes devenus davantage, n'est-ce pas ?

LES DEUX MODÈLES QUI SUIVENT
NE SONT PAS DES MODÈLES ORIGINAUX
DE LA PNL AU MÊME TITRE QUE CEUX
QUI PRÉCÈDENT, DANS CE CHAPITRE.

La méditation zéro

La méditation zéro propose un moment très bénéfique, très régénérant à notre cerveau qui, rappelons-le, ne connaît pas beaucoup de moments de repos : même la nuit, il continue à gérer et contrôler nos fonctions végétatives et oniriques.

C'est pourquoi la méditation zéro agit comme un « merveilleux cadeau » que nous pouvons lui faire, en lui offrant un moment« unique » de détente, de dé-centration de ses préoccupations habituelles, en le mettant – volontairement – au repos.

Zéro, parce que zéro activité habituelle, zéro mouvement, zéro pensée. Cet exercice produit des effets aussi positifs que l'amélioration des processus de mémoire et de concentration. Qui plus est, il nous permet d'accroître notre paix intérieure, et l'ouverture de notre « Soi » (ou

Etre essentiel, essence de notre être, par rapport à notre être existentiel).

Comment pratiquer la méditation zéro ?[1]

1. Choisir un endroit calme et bien éclairé de lumière naturelle.

2. S'asseoir sur une chaise en plaçant les pieds écartés sur le sol (un écartement parallèle aux épaules), la colonne vertébrale « naturellement » droite, les mains posées sur les cuisses. (Cette position « naturelle » et « culturelle » pour les Occidentaux est à adopter de préférence à la position dite « en lotus » – laquelle est plus confortable pour les Orientaux, qui la pratiquent depuis leur plus tendre enfance.)

3. Concentrer son regard sur un point fixe. Veiller à créer les conditions favorables : éviter la distraction par des activités autour de soi ou par une activité cérébrale cognitive (ne pas réfléchir à la journée qui vient, ne pas se remémorer des souvenirs).

4. Pour ce faire, concentrer son attention sur son souffle (une fois encore, sans respiration« sportive ») pendant vingt minutes.

5. Après cette méditation zéro, faire quelques mouvements (comme 30 balancements des bras).
   Il est recommandé de pratiquer cette méditation le matin.

1. Fiche réalisée avec la supervision de Marcel Delcroix, praticien en médecine initiatique chinoise.

Les conseils de longévité de Michel Serres

Il y a gros à parier qu'un homme comme Michel Serres serait sûrement intéressé par la PNL.

A la journaliste qui lui demandait :

– *Pensez-vous qu'il existe des stratégies anti-vieillissement efficaces?*

Le brillant scientifique répondit :

– *Il existe un moyen inefficace proposé par l'industrie pharmaceutique et cosmétique. Mais je pense sérieusement qu'il y a deux façons de prolonger notre existence. La première, c'est de faire régulièrement une heure de marche. La seconde, c'est de se forcer à lire, pendant quinze minutes par jour, un ouvrage dont la lecture est assez difficile pour soi.*

J'espère, au terme de cet ouvrage, que vous n'en aurez pas trouvé la lecture trop difficile, mais que l'application de son contenu vous permettra cependant de prolonger une existence heureuse et épanouie.

Chapitre 10

QUESTIONS PARTICULIÈRES

- La ligne du temps
- La question de l'hypnose
- La formation à la PNL
- A propos des interventions « magiques »
- PNL et société d'aujourd'hui

«Demain ne sera pas comme hier,
il sera nouveau et il dépendra de nous.
Il est moins à découvrir qu'à inventer. »

Gaston Berger

LA LIGNE DU TEMPS

Par rapport à l'ensemble des éléments déjà présentés dans cet ouvrage, la ligne du temps est d'une utilisation plus récente en PNL.

De quoi s'agit-il?

La « ligne du temps » est le nom donné, en PNL, à la représentation subjective que chacun se fait du temps – soit de son temps de vie personnel, soit du temps de l'Histoire.

Même si certaines personnes se font une représentation du temps en trois dimensions, le temps est souvent perçu comme suivant un déroulement du passé vers le futur, en passant par le présent.

Pour une majorité de gens, cette représentation suit une « ligne imaginaire » allant de gauche à droite (avec un assez faible pourcentage de gens pour qui cela est inversé) – et habituellement « située » par-devers soi.

Pour une autre part importante d'individus, cette ligne imaginaire part de l'arrière de leur personne, passe par l'endroit où elles se trouvent – pour figurer le présent – et se prolonge devant eux – pour figurer le futur.

Certaines personnes, enfin, ont une représentation qui utilise l'espace d'une façon encore différente.

Si la ligne du temps devient un concept de plus en plus utilisé par les praticiens de PNL, comme la synchronisation, elle n'est pas une « invention » des fondateurs de la PNL.

Comme la prose de M. Jourdain, tout un chacun utilise – peu ou prou – une ligne du temps.

Presque tout le monde fait référence à cette « ligne imaginaire » et/ou déplace sa main – et souvent son regard – lorsqu'il parle d'un fait passé, ou futur.

De même, beaucoup de gens ont des gestes précis pour désigner le présent, surtout s'ils veulent insister sur la chose.

Comme le cite L. Fèvre, R. Dilts précise que *« l'invention de la ligne du temps remonte à Socrate »*[1].

1. Dans *Guide du praticien en PNL* : voir *Bibliographie*, p. 227.

Dans une technologie d'évolution et de changement comme la PNL – qui donne à nos systèmes de représentation la juste place qu'ils occupent, on ne s'étonnera pas de la référence fréquente faite à cet outil qui définit si bien cette représentation d'une réalité si importante pour les êtres vivants que nous sommes : le temps.

Au niveau de son utilisation, B. Hervin et J. Turner citent le cas d'un « *homme qui se représentait sa ligne du temps à environ 30 centimètres de lui-même. Il avait le sentiment de n'avoir pas le temps de réaliser ce qu'il désirait, tout en se sentant obligé de tout faire. Nous lui avons proposé d'éloigner davantage sa ligne du temps – à 50, 60 cm – à la même hauteur* ».

Ce changement dans sa représentation du temps lui a permis « *de percevoir ses priorités ainsi que la démarche naturelle qu'il avait à suivre pour les respecter et tout faire à temps* ».

Dans certains cas, un changement souhaité par un sujet pourra entièrement être réalisé par une réorganisation de la ligne du temps. Cet outil peut être considéré comme un complément fort riche s'ajoutant à la panoplie des techniques d'intervention.

LA QUESTION DE L'HYPNOSE

En dehors du concept d'interventions miraculeuses – dont il sera encore question ci-dessous – celui de **l'hypnose,** liée à la PNL, fait souvent question.

Cela vaut peut-être la peine d'interrompre un instant votre lecture pour consulter votre « Carte du Monde » et y déceler à quoi est associée la notion d'hypnose.

Pour avoir pratiqué ce genre d'exercice en groupe, je puis vous dire que les notions les plus souvent rencontrées sont quelque peu ou assez péjoratives: *« pratique de cirque ou de music-hall »*, quand ce n'est pas *« affreusement manipulatrice »* ou *« pratique d'escroc »*.

Pour leur part, les dictionnaires font fréquemment référence au sommeil, alors provoqué par des *« manœuvres spéciales ou des médicaments » (Robert)*. Le *Petit Larousse* semble, dans ce cas, proposer une définition moins suspicieuse: elle inclut la mention *« utilisation d'une technique de suggestion, notamment à des fins thérapeutiques »*.

Vous aurez compris que c'est bien plus vers cette seconde définition que s'oriente celle des fondateurs de la PNL.

Mais pourquoi la notion d'hypnose est-elle associée à la PNL? Rappelez-vous que l'un des super-intervenants dont Bandler et Grinder se sont inspirés, n'était autre que *Milton Erickson*.

Or, ce thérapeute exceptionnel parvenait à établir avec ses clients un rapport tellement profond, qu'il était opportun de parler d'*état hypnotique* induit par Erickson. Les disciples de ce maître – et ceux qui, parmi les PNListes, s'en inspirent le plus – parlent et enseignent d'ailleurs aujourd'hui ce qu'on appelle **l'hypnose éricksonnienne.**

C'est par extension que l'on parle d'hypnose, dans les rapports profonds entre personnes, que ce soit dans le cadre d'une relation thérapeutique ou non.

➪ Savez-vous que selon les scientifiques qui ont fondé la PNL, vous êtes en état d'hypnose dès que vous acceptez la suggestion d'un vendeur de voiture, qui vous dirait « Pouvez-vous vous imaginer au volant de ce véhicule, lors de vos prochaines vacances? »

Ceci correspond mieux à la définition[1] qu'en donnent Louis Fèvre et Gustavo Soto :

> «Hypnose ou transe : état de conscience modifié (par une suggestion acceptée), où les facultés sont absorbées par le monde intérieur du sujet, et peu sujettes au contrôle de sa raison logique. »

Donc, dans une conversation courante – et plus particulièrement lorsque des enjeux affectifs et émotionnels sont présents – on est souvent en état d'hypnose.

LA FORMATION À LA PNL

Se former à la PNL dépend des objectifs que l'on poursuit.

1. Pour connaître cette discipline, la situer, prendre en considération les utilisations qu'on peut en retirer, une *séance d'information* ou de *sensibilisation* suffit.

1. Dans le *Guide du praticien en PNL* : voir *Bibliographie*, p. 227.

2. Pour utiliser valablement les techniques d'influence dans la vie professionnelle – concernant surtout les relations humaines au sein d'une organisation, ainsi que la vente et les négociations de tous types – un stage de plusieurs jours s'impose.

3. Dès que l'on dépasse les deux niveaux d'exigence cités ci-dessus, seules les sessions de longue durée qui se terminent par une **certification** – c'est-à-dire par un examen réalisé par un enseignant certifié en PNL – sont à prendre en considération.

Les formations reconnues par les Associations représentatives de PNL (il en existe aujourd'hui dans chaque pays francophone ou anglophone) requièrent 24 jours de cours pour chacun des deux niveaux reconnus : **praticien** et **maître-praticien.**

Au travail de base doit *obligatoirement* s'ajouter un nombre équivalent de journées de **pratique** en groupes de « pairs » (généralement, les membres d'une même session de formation).

Enfin, la formation **d'enseignant certifié** concerne ceux qui veulent faire métier de diffuser cette discipline à leurs contemporains.

La formation à la PNL me semble particulièrement indiquée pour les personnes conscientes de ce que les formations classiques aux métiers où la communication tient un rôle majeur, se sont – jusqu'à présent – fort peu accompagnées de traitement pratique de cette dimension.

Voilà pourquoi, dans une formation PNL, on côtoie beaucoup de diplômés en psychologie, en médecine, de nombreux enseignants, chefs d'établissement, ainsi que de nombreux professionnels des métiers de formation et de la relation d'aide.

Tout comme on y rencontre de plus en plus de particuliers, parce que la formation à la PNL est une très bonne « école » de développement d'évolution personnelle.

L'intégrité personnelle

Bien qu'en cette matière il n'existe pas de remède miracle (il n'est pas possible de déceler avec une certitude totale les motivations qui se traduiraient par un mésusage de la discipline), il faut reconnaître que le type d'engagement auquel la très grande majorité des sollicitants sont soumis, offre un niveau de garantie très rarement rencontré dans des formations similaires sur le plan de l'intégrité des futurs praticiens.

À PROPOS DES INTERVENTIONS « MIRACLE » EN PNL ET DU TRAVAIL DE CHANGEMENT

Certains magazines frôlant la presse à sensation font état de l'aspect « miraculeux » de la PNL.

Certes, c'est de cette manière – et avec un soulignement particulier du mot « miracle » – que les revues américaines, dont *« Pop Psychology »*, ont tout d'abord présenté les « révélations » surprenantes des premiers travaux de Bandler et Grinder.

Certes, je réutilise le mot dans le premier chapitre de ce livre. Mais par souci de précision, je dirai qu'il importe de ne rien confondre.

Même si la PNL s'avère étonnamment efficace dans le traitement des psychotiques, c'est davantage vis-à-vis d'un grand public, intéressé par une démarche d'évolution personnelle et de changements sans les douleurs habituellement à prévoir dans le domaine de la psychothérapie, que la discipline a gagné sa notoriété.

L'impression d'intervention « miracle » s'est également renforcée par le récit – dont je ne sais s'il est réalité ou légende – de postes de traitement « immédiat » de la peur de l'avion par des PNListes dans certains aéroports américains.

Il est vrai que le traitement d'une phobie peut se faire en quelques minutes. Tout comme il est vrai que la partie *« intervention proprement dite »* d'un processus de changement peut se pratiquer en un temps étonnamment plus court que celui auquel le monde des interventions en psychothérapie nous a habitués.

Mais... il ne faut pas en déduire que pour une personne donnée – par exemple, particulièrement timide ou « mal à l'aise » avec ses sentiments et ses émotions (ou, comme cela arrive fréquemment, une personne qui considère – selon ses propres critères – que *son* cas est particulièrement « irrecevable » –, le praticien en PNL va réussir à établir le rapport profond avec ce client en quelques minutes, quelles que soient les « résistances » de ce dernier.

Ce peut, précisément – dans un exemple de ce type – être ce qui aura duré le plus de temps au cours du travail de changement entrepris par ce client et le praticien.

Cette étape peut, à elle seule, demander plusieurs séances.

C'est à la liberté de ne pas faire commerce de mes compétences que je dois de pouvoir faire cette mise au point.

Cependant, les extraordinaires mises en forme que sont les modèles d'intervention mis au point et enseignés par les fondateurs de la PNL, méritent bien le qualificatif de « miraculeuses » – surtout lorsqu'on les compare aux démarches parfois alambiquées de certaines pratiques traditionnelles dans le monde de la psychothérapie.

PNL ET SOCIÉTÉ D'AUJOURD'HUI

C'est par la synthèse, et des citations extraites d'un ouvrage d'Alain Ehrenberg, brillant sociologue de la nouvelle génération française, *Le Culte de la Performance*[1], que Monique Esser qui a publié, pour les esprits exigeants sur le plan de la réflexion, le plus satisfaisant des ouvrages consacrés à la PNL en langue française[2], conclut celui-ci.

1. A. Ehrenberg, *Le Culte de la performance*, Calmann-Lévy.
2. Voir *Bibliographie*, p. 227.

Qu'il me soit ici permis de citer l'un et l'autre pour traiter de cette délicate question.

➪ Il est vrai « que les sociétés occidentales actuelles mettent en forme un certain culte de la performance ». Ce trait particulier provient « du fait que ces sociétés n'offrent plus de 'références' pré-établies à leurs membres. De ce fait, les représentations et la position sociale dont chacun a pu hériter à sa naissance ne suffisent plus à lui donner une identité. » « Elle pousse le plus humble, l'exclu, à faire la preuve de ce qu'il est capable de se gouverner par lui-même sans que soit nécessaire la présence d'une autorité supérieure lui indiquant comment il doit être et comment il doit se comporter. Ce style de vie, qui passe nécessairement par 'la prise de risque', invite chacun à devenir responsable de soi dans un univers marqué par l'incertitude et la complexité.

Réussir aujourd'hui, c'est avoir construit son passé, au lieu de le subir comme destin (heureux ou malheureux), puisque chacun est potentiellement posé en figure de commencement. »

Ce qui permet à M. Esser – à son tour – de conclure :

« Quoique les conclusions d'Ehrenberg n'aient rien à voir avec la PNL, la dynamique sociale à laquelle elles renvoient méritait

> d'être signalée parce qu'elle permet d'expliquer l'émergence historique, les valeurs, le succès et les dérives de la PNL. »

Et, en particulier, à propos :

• de la présentation de modèles de réussite qui cessent d'être lointains, inacessibles ou réservés à quelques-uns et qui sont seulement *« les guides de notre propre modélisation »*;

• du développement de relations actives à l'égard de ses projets et de soi-même pour « tenir la barre » de sa propre vie, *« la préséance du thème de la communication au détriment de celui de la consommation »*.

Chapitre 11

LA PNL, POUR QUOI FAIRE?

« Le génie, en définitive, n'est guère plus que la faculté de percevoir sur un mode inhabituel. »

William James

«L'important n'est pas ce qu'on a fait de moi mais ce que je fais de ce qu'on a fait de moi. »

Sartre

«Celui qui attend la chance a moins de chance de la rencontrer que celui qui va au-devant d'elle. »

Dicton populaire oriental

Liberté ou déterminisme?

Du point de vue de la PNL, sommes-nous libres ou déterminés ?

Le débat est ouvert. Selon certains, nous serions « programmés neuro-linguistiquement » à 60%. Pour d'autres, cette part programmée chez l'homme moyen serait plus voisine de 90%.

Ce livre...

n'a d'autre ambition que de permettre une compréhension de ce qu'est ce « phénomène » d'évolution dont on parle de plus en plus, en milieux spécialisés, mais aussi dans le grand public.

Il ne suffit pas – *à lui seul* – à mettre la PNL en pratique.

Pour cela, il faut lire d'autres ouvrages et, si possible, participer à un stage de pratique, tel qu'il s'en organise de nombreux dans les pays anglophones, francophones et germanophones.

CE QUE VOUS POUVEZ FAIRE AVEC LA PNL

Voici comment le Bulletin de l'organisme « Ressources »[1] répond à la question-titre de ce chapitre.

En utilisant la PNL, vous pourrez :

- **décoder comment d'autres sont performants** dans un domaine – sport, entreprise, pédagogie, thérapie – afin de pouvoir apprendre leurs capacités;
- **développer une réelle qualité de relation** avec vos amis, collègues, clients;

1. Voir *Adresses utiles*, p. 231.

- **développer vos qualités de communicateur** et obtenir de meilleurs résultats, professionnellement et personnellement;
- **gérer vos émotions** et l'accès à vos ressources personnelles;
- **résoudre les conflits** entre les personnes, vos contradictions internes ou celles des autres;
- **aider d'autres gens** à modifier leurs comportements, leurs stratégies de pensée, leurs émotions afin d'optimaliser leur développement personnel et professionnel.

EVOLUTION DU MONDE DE LA PNL

Depuis ses origines, la PNL s'affirme comme processus en constante évolution. Ses deux fondateurs poursuivent leur aventure. Et si l'un d'eux (John Grinder) la considère aujourd'hui comme *« un modèle de l'excellence »*, en rapport avec la manière dont certaines personnes parviennent à reculer les limites du possible, l'autre (Richard Bandler), fasciné par l'aspect pratique et cognitif, définit maintenant la PNL comme *« une éducation du cerveau »*.

Les épigones des deux fondateurs ont multiplié les « modèles » d'intervention en psychothérapie, en éducation, en vente et en management.

La liste des modèles de PNL n'est pas arrêtée. A ceux déjà existants, chacun (vous, peut-être?) peut en ajouter.

C'est ainsi que, parmi mes compagnons de formation de la première heure :
– Alain Moenaert (avec la complicité de Jean-Charles Harzé) a notamment « modélisé » le comportement de sidéens bien portants[1];
– Louis Fèvre (avec la complicité de Gustavo Soto) a écrit un « modèle » de formation à la PNL[2];
– Anne Pierard développe des programmes de fertilisations croisées appliqués à l'évolution spirituelle[1];
– Monique Esser a écrit le livre le plus élaboré sur le sujet[2];
– et moi-même ai un projet d'écriture visant à « expliquer » le sens de la Vie.

Comme suite à la publication de mon premier livre, certains praticiens m'ont fait parvenir des modèles plus qu'intéressants, de leur cru, dont Serge Font qui a collaboré avec Wolfgang Bernard à la rédaction du *Chant des Sirènes*, édité par Altess.

Aujourd'hui, quelques dizaines d'ouvrages proposent déjà – en français – des adaptations spécialisées de la PNL en développement personnel, bien sûr, mais aussi en matière d'achat, de vente, de direction et de management, d'enseignement et de développement spirituel.

Tout ce travail magnifique s'inscrit dans le sens de l'évolution. Evolution de cette fin de millénaire, que pour ma part, je résumerai par l'axiome suivant :

« Choisir est le propre de l'homme. »

1. Voir Ressources, dans *Adresses utiles*, p. 232.
2. Voir *Bibliographie*, p. 227.

REPEINDRE SA VIE EN ROSE

Comme nous l'ont appris les découvertes récentes des sciences humaines – précédées, dans l'histoire, de quelques intuitions prodigieuses – et ainsi que le résume magistralement le philosophe et poète Laurent Baeke, *« Tout est interprétation de l'esprit. »*

C'est dire que la perception *objective* de la réalité est illusoire.

Déjà par notre simple regard, nous « sélectionnons » *ce que nous avons envie de regarder.*

Et comme il faut bien le reconnaître – ici l'objectivité de cette observation est possible –, les moyens d'informations que sont nos journaux, nos radios, nos télés privilégient une soif morbide d'informations dramatiques; la morosité (*« le regard sur la vie en gris »*) est assez dominante en cette fin de siècle.

Quand on sait qu'en plus de cela, l'être humain est plutôt porté à embellir le souvenir de ses jeunes années – où, forcément, la conscience mature de ce qui se passait autour de soi, était rarement présente –, cela explique comment pour beaucoup de plus de 45 ans, *« la vie n'est pas très drôle », « le monde va de plus en plus mal »*, quand le diagnostic n'est pas foncièrement gris ou noir...

Ils existent pourtant – et tout autant – les événements heureux; elles sont effectives, les actions positives menées par nos contemporains, et ce partout sur la planète.

Mais ça, on n'en parle pas – seules les vedettes du music-hall et du cinéma ont le droit de voir leurs « bons moments », leurs « plaisirs partagés », et plus rarement –

parce que ce mot est peu compatible avec leur style de vie – leurs joies narrées par les médias.

Ils existent cependant bel et bien, ces hommes, ces femmes, ces enfants, ces personnes âgées, qui *« savent goûter l'air du temps »*, qui apprécient les joies les plus authentiques de l'existence, qui sont impliqués par leur développement personnel, qui participent avec bonheur à la vie sociale et culturelle de leur village, de leur ville, de leur région.

Ce qui ne les empêche pas d'être attentifs aux malheurs du monde. Et ces gens qui *« voient davantage la vie en rose »* (en doré, serait plus pertinent) se caractérisent d'ailleurs bien souvent par une attitude plus juste – souvent faite d'une aide et d'une assistance plus efficaces que les jérémiades stériles des « râleurs de l'existence ».

Considérant l'usage, relativement simple à mettre en pratique, de **l'élargissement de nos Cartes du Monde**, il est permis d'affirmer que voilà bien l'une des choses possibles, à partir d'une lecture *active* de ce seul livre.

Active signifiant : capable de s'arrêter à chaque concept de l'élaboration et de la formation « permanente » de notre Carte du Monde et de s'auto-interroger sur ce qu'il en est de notre cas personnel. Un usage de ce livre qui permettrait à qui le veut de repeindre sa vie en rose (ou en doré).

REPRENDRE LE POUVOIR

A qui donne-t-on le vrai pouvoir? A soi-même ou aux autres?

Ceux qui chantent la célèbre chanson « *La vie en rose* » *(Quand **tu** me prends dans les bras)* resteront longtemps encore dans le gris!

En effet, les habitués de la chanson se trompent... comme la grande majorité des gens. En laissant dépendre leur bien-être des bras ouverts d'un partenaire – prince charmant ou belle princesse – ils commettent l'erreur humaine la plus répandue : donner à l'autre (donc, aux autres) le pouvoir de les rendre heureux ou non.

Que de malheurs à partir de cette erreur d'appréciation!

Alors que les gens heureux – les vrais! – *décident* eux-mêmes ce qu'ils font en réaction aux actes de leurs semblables et aux circonstances de l'existence.

Ils *gèrent* eux-mêmes (dans leur tête!) ce qui s'y passe!

Ce ne sont pas les autres qui le font.

Ils *font* eux-mêmes leurs joies ou leurs tristesses.

Leurs joies ou leurs colères.

Le voilà, le grand secret!!!

Et les « marchands de bonheur » de tous types pourront longtemps encore jeter de la poudre aux yeux, ils n'arriveront jamais à « rendre » les autres heureux.

Parce qu'il est un pouvoir que l'on ne déplace pas :

CHACUN POSSÈDE EN LUI-MÊME LE POUVOIR
DE SE RENDRE HEUREUX OU NON,
EN RÉACTION AU COMPORTEMENT
DES AUTRES ET AUX CIRCONSTANCES DE LA VIE.

C'est de n'avoir pas appris cette règle fondamentale de vie que tant de gens « errent » dans la mélancolie, la tristesse et le désespoir.

Ils ont tellement laissé entrer dans leur tête que leur bonheur dépendait de la bonne volonté, de la gentillesse des autres à leur égard – et la culture populaire véhicule tellement ce « cliché » erroné – qu'ils éprouvent quelque difficulté à comprendre cette réalité.

C'est à leur intention que je propose la petite démonstration suivante :

➩ Claudia pense que les agissements d'Armand sont « objectivement » portés à déprimer celui ou celle qui en est, selon ses mots, « victime ». Elle se répand auprès de ses amies, qui la consolent en lui disant qu'Armand est un beau salaud et qu'il est bien normal qu'elle (Claudia) soit abattue.

Un jour, Claudia rencontre Bernadette qui lui apprend avoir eu une relation avec Armand, avoir peu apprécié son comportement... et l'avoir quitté.

« Et tu t'en es remise? » interroge Claudia, qui s'empresse de poursuivre : « Moi, je ne pourrais pas, je l'aime trop! »

Elles sont très nombreuses, les histoires semblables où une personne A fait quelque chose (x) à une personne C qui considère que cela devrait affecter la personne B de la même manière qu'elle, puisque le comportement incriminé (x) est le même.

Erreur fondamentale!

Il n'y a que si (x) est un meurtre qu'il est permis de dire – objectivement – que le résultat sur deux personnes sera identique.

CE NE SONT PAS LES ACTES POSÉS PAR LES AUTRES QUI PEUVENT NOUS RENDRE HEUREUX OU MALHEUREUX, MAIS CE QUE NOUS EN FAISONS DANS NOTRE TÊTE.

C'est un pouvoir qu'il s'agit bel et bien de prendre, ou de récupérer! Voilà bien un autre usage possible de ce livre. Il y a longtemps que des hommes et des femmes généreux ont identifié cette erreur sémantique – si répandue – et qu'ils ont cherché à aider leurs contemporains à récupérer le pouvoir qui est en eux.

Ce livre s'inspire de ces hommes et ces femmes magnifiques.

« Quelles démarches fastidieuses...! » gémit M. Toulmonde, après avoir pris connaissance de ce qui est expliqué dans ce livre. Je lui réponds que je comprends l'impression d'importante consommation d'énergie mentale que des décisions de **ré-investissement** entraîneraient. Et j'invite alors M. Toulmonde à observer combien de cette précieuse énergie est utilisée par lui-même – et ses contemporains – à construire des arguments pour prouver (à son entourage et à lui-même) le bien-fondé de ses choix (achats, vacances, emploi, prise d'informations, partenaire)...

Question de choix!

Je vous propose de terminer la lecture de ce chapitre par la découverte d'un modèle très intéressant :

SOYEZ LE METTEUR EN SCÈNE D'UNE RÉUSSITE À VENIR

1. Pensez à quelque chose que vous aimeriez réussir ou obtenir, dans un avenir plus ou moins rapproché.

2. Faites-en pour vous-même une définition conforme à la définition de l'objectif mobilisateur (c'est-à-dire surtout : que vous soyez capable de formuler en termes positifs).

Imaginez votre objectif dans un film en couleurs et en trois dimensions, avec odeurs.

Y a-t-il une couleur qui est associée à cet « objectif »?

Y a-t-il des sons (des paroles, des musiques, des bruits) qui y sont associés?

Définissez le type de sensations liées à cet objectif.

A-t-il une « saveur » particulière?

3. Cet objectif prend-il aisément place dans votre ligne du temps personnelle? Est-il placé au bon endroit?

4. S'il y a des obstacles, faites-les passer en noir et blanc, et posez-les de part et d'autre de votre ligne du temps. (Sur

le chemin qui mène à votre objectif, il n'y a pas d'obstacle. S'il s'en présente, rangez-les immédiatement sur les côtés – en noir et blanc.)

5. Dirigez – comme un metteur en scène – les personnages qui sont associés aux scènes de votre film, et soignez en particulier la grande scène finale (celle où vous atteignez votre objectif). Pour cela, interpellez vos personnages à voix haute :

> ➪ « Denise, qu'est-ce que tu fiches là! Je n'ai absolument pas besoin de toi en ce moment!
>
> André, mets-toi plus en avant et souris, bon sang : tu es l'un des personnages principaux de cette scène!
>
> Et les accessoiristes, qu'est-ce que vous fichez : je vous ai dit que je voulais une pluie de paillettes dorées!
>
> Eclairagistes, ajoutez de la lumière! La scène finale doit être éclatante! »

6. Amusez-vous, retirez maintenant les obstacles, ajoutez les éléments qui vous plaisent.

7. Continuez ainsi jusqu'à ce que ceci produise en vous une sensation agréable.

8. Quand des sensations positives vous « habitent », entrez dans le film, et dirigez vous-même votre personnage – qui en est le grand acteur (donc que vous dirigerez avec beaucoup de ménagement), jusqu'à la grande scène finale, que vous « dégustez » à sa juste mesure.

9. Donnez un nom à votre film, imaginez une affiche en y mentionnant votre nom comme acteur principal et comme metteur en scène.

10. Choisissez (ou fabriquez) un petit objet qui sera l'objet promotionnel de votre film. Donnez un nom à ce petit objet, et emportez-le avec vous, jusqu'à ce que vous ayez atteint votre objectif.

11. Quittez l'expérience, et ménagez-vous un temps pour la savourer.

FLORILÈGE

Thibault (chanson de **Jofroi**)

« Même si tu te sens égaré
Tout seul au milieu de la foule
Y'a pas que des bateaux qui coulent
Y'a pas que des chemins barrés
Thibault, Thibault, faut prendre la barre
Faut qu'tu te nommes capitaine de ton bateau

Faut t'arrêter de répéter
Qu'est-c' t'as fait au bon Dieu, mon vieux
Dans la vie on n'fait pas c'qu'on veut
Mais le tout c'est d'aimer c'qu'on fait
Thibault, Thibault...

Si le vent t'a toujours poussé
De longitude en latitude

Le vent c'est surtout l'habitude
Des lignes à ne pas dépasser
Thibault, Thibault...

Maint'nant si tu l'as pas voulu
Devant derrière c'est la tempête
C'est pas l'moment d'perdre la tête
C'est dans tes mains qu'est ton salut
Thibault, Thibault...

Excuse-moi des libertés
Que je prends à parler ainsi
Mais tout ça vaut pour moi aussi
On est tous autant démâtés
Thibault, Thibault, faut prendre la barre
Faut qu'on se nomme capitaines de nos bateaux
Regarde comme tout a changé
L'horizon prend des tons bleutés

Depuis que le vent est tombé
Depuis que le vent est tombé »

Extrait de **L'imagination au pouvoir**
(chanson de **Julos Beaucarne**)

« *Allumer sa petite bougie*
Vaut mieux que de maudire la nuit
La pensée va plus vite qu'un jet
Elle se propulse jusqu'à perpète
Dans le crâne on a un moteur
Un kilo et demi d'émetteurs
De récepteurs, de transcodeurs
Le cerveau peut s'ouvrir comme une fleur »

Réponse du laïc P'ang (740-808) au Maître Shih-t'ou

« Mes activités quotidiennes ne sont pas extraordinaires, seulement je suis en harmonie avec elles. Je ne retiens rien, je ne regrette rien. Et nulle part, je ne rencontre d'obstacle ou de conflit. Si vous voulez connaître 'mon pouvoir surnaturel' et 'mon activité merveilleuse', sachez qu'ils consistent à chercher de l'eau à la source et couper le bois à brûler. »

« Ce que tu n'apprécies pas en art, en musique mérite un seul commentaire : Tant pis pour toi. »

Adrien Loos

« Votre bon vieux temps de demain, c'est aujourd'hui. »

Gilbert Willems

« Vous me demandez quel est le bonheur suprême, ici-bas ? C'est d'écouter la chanson d'une petite fille qui s'éloigne après vous avoir demandé son chemin. »

Li-Tai-Po,
Poèmes

« Ah, que je serais heureux si j'étais heureux ! »

Woody Allen

« Tout ce que vous demandez en priant, croyez que vous l'avez reçu et cela vous sera accordé… »

Marc, 11, 24

« Si tu veux être heureux, sois-le. »

Jacques Prévert

« Le bonheur n'est pas un événement, c'est une aptitude. »

La Rochefoucauld

« Quand tu auras désappris à espérer, je t'apprendrai à vouloir. »

Sénèque

« Le bonheur procède d'un état d'être : il réside au-dedans de nous ».

John Peper,

Etre heureux, c'est possible

Chapitre 12

LES ZABOULATJÉM EN KORZYBSKIE

- Histoire à dépolir debout
- Pierre et Paul

Il y a longtemps déjà (était-ce un beau jour?) les Korzyens, habitants de la Korzybskie, découvrirent... les lunettes.

Pourquoi les lunettes ? Pourquoi pas ?

Cela rendrait-il les Korzyens et les Korzyennes plus jolis, plus séduisants ?

Peut-être. Mais toujours est-il que cela permettrait de mieux voir.

Et, à coup sûr, enrichirait les opticiens.

Ceux-ci se mirent donc à fabriquer et à vendre toutes sortes de montures. Les montures aux couleurs les plus vives plurent surtout aux jeunes. Beaucoup choisirent des montures légèrement colorées. En bleu clair. En vert clair. Mais tous choisirent des verres grossissants.

Malheureusement, à peu près vers la même époque, les opticiens korzyens découvrirent aussi la publicité.

Et l'on vit se multiplier les annonces les plus attirantes, les plus séduisantes, les plus extravagantes mais aussi les plus agressives et les plus manipulatrices :

« Lunettes Korzy, le dernier look korzyen ! »

« Avec les lunettes Charlot, vous serez toujours drôle ! »

« Avec les lunettes du Plaisir, vous ne vous ennuierez plus jamais ! »

« Les lunettes Champion vous feront triompher de tous vos adversaires sportifs ! »

« Les lunettes du Fric vous combleront ! »

Un grand succès fut atteint par les lunettes Super-man et Super-woman, qui garantissaient le triomphe sur tous ses adversaires. Succès que ne dépassèrent que les lunettes d'Amour. Celles-là, je crois bien qu'il ne fut pas un adulte ni un adolescent de Korzybskie qui n'en posséda sa paire !

Et cela modifia considérablement la vie des Korzyens.

Avec le temps, les verres grossissants prirent petit à petit le ton des différentes sortes de montures. Les lunettes d'Amour se colorèrent de rose tendre, les verres de lunettes de Champion devinrent arc-en-ciel, ceux des lunettes du Fric prirent une coloration dorée, et ceux des lunettes du Plaisir s'enluminèrent de petites étoiles.

Les années passèrent et les Korzyens semblaient assez ravis – pour le moins excités – par leur vie nouvelle.

Ceux qui avaient des enfants veillèrent à les envoyer là où d'autres enfants portaient les mêmes lunettes.

Les Korzyens créèrent de nombreuses associations, comités, clubs, groupements autour de leur type de lunettes préféré.

Mais un jour (qui n'était sûrement pas beau !), la Korzybskie fit une découverte encore plus révolutionnaire.

La découverte des « jeux-débats télévisés ».

Des équipes de supporters d'un type de lunettes en rencontraient d'autres. Et s'opposaient en des jeux compétitifs de partisans d'un type contre un autre.

Mais là, les choses tournèrent mal.

De la discussion d'arguments démontrant la supériorité d'un type sur un autre, les choses se dégradèrent pour finir en pugilats « bien réglés », hooliganisme aidant.

Et les choses tournèrent encore plus mal.

Des hordes organisées de Korzyens attachés à une « vision du monde » envahirent les territoires de Korzyens attachés à une autre « vision du monde ». Et les Korzyens firent une découverte terrifiante : la guerre.

Pire encore : chaque groupe organisé déclara « guerre sainte » celle qu'il menait *« pour le triomphe de la Vérité »*, pour celle de sa vision du monde.

Ce fut épouvantable ! Des millions de Korzyens furent massacrés, torturés, ré-éduqués dans des camps de la « Juste Vision ».

Cela dura des siècles. En certaines périodes – rares – d'accalmie des conflits, les combats prirent d'autres formes, plus sournoises : les partisans d'une vision envoyèrent dans les rangs d'une autre, des espions, des saboteurs.

Et les massacres reprirent de plus belle.

Les Korzyens faillirent même disparaître des conséquences des découvertes de leurs scientifiques en matière de fission nucléaire. Le destin de la Korzybskie était menacé !

C'est alors qu'on vit apparaître, un peu partout, des Zaboulatjém. Un beau jour, ils arrivèrent en tuniques blanches sur les places publiques et, chose surprenante, incroyablement inimaginable... ils ôtèrent leurs lunettes.

Cette attitude intrigante provoqua la réunion des puissants de la Korzybskie, qui créèrent des comités scientifiques chargés d'étudier ces êtres étranges.

Pour comprendre leur origine et, surtout, leur capacité à survivre sans lunettes.

Le travail de ces scientifiques fut long.

Le jour (un beau jour !) arriva où le journal planétaire *La Korzybskie Libre* – oui, parce que la Korzybskie est une planète de l'un des douze mille univers parallèles recensés à ce jour, vous ne saviez pas ? – mit à la une le titre fracassant suivant : « CONFIRMATION DU COMITÉ SCIENTIFIQUE KORZYEN : LES ZABOULATJEM PEUVENT VIVRE SANS LUNETTES »

En sous-titre : « Et ces étranges Korzyens – *parce qu'ils se déclarent tels* – invitent la population à faire comme eux : à retirer leurs lunettes ! »

Un peu plus bas, on trouvait un articulet :

« *Les Zaboulatjém révèlent leur origine ! Stupéfaction : personne ne la leur avait demandée.* »

Suivait un commentaire sur les interrogatoires auxquels le comité korzyen de sécurité les avait soumis : ils ont expliqué que leur nom, d'apparence compliquée, était l'acronyme des noms de grands sages ayant vécu dans le passé d'une planète appartenant à l'univers numéro 12 et qu'*« ils conseillaient chaleureusement aux Korzyens de s'y référer pour trouver des manières d'agir et sortir de l'aveuglement dans lequel le port des verres grossissants les avait entraînés… »*

Pendant pas moins de trois siècles, l'institution qui faisait régner l'ordre en Korzybskie, le « Vatikgb » tenta de réprimer les sympathisants Zaboulatjémistes en les pourchassant.

Vers la fin du IVe millénaire, les Zaboulatjémistes furent délivrés de ces poussées inquisitrices et le zaboulatjémisme fut réhabilité.

Cette reconnaissance permit la reprise des travaux de plusieurs disciplines, intéressées par la survivancc du mouvement spirituel.

Les spécialistes ne se sont pas encore mis d'accord sur les noms correspondant à chaque lettre du sigle : s'ils ont bien retrouvé les traces d'un certain Zarathoustra, d'un certain Bouddha, de même que d'un certain Lao Tseu, les historiens appelés à la rescousse se perdent en conjectures autour du « M », les uns soutenant la thèse d'un certain Mahomet, d'autres défendant l'idée que la lettre ne peut que figurer Marx (Groucho ou Karl ?), qui aurait vécu dans le courant du XIXe siècle de cette planète...

Pierre et Paul

La lueur du petit matin filtre à travers les persiennes de la chambre de Pierre, à travers les rideaux dans celle de Paul. Tous les deux sont retraités et vivent à quelques kilomètres d'Auxerre.

Cette pâle clarté du jour suffit à les réveiller. Pierre pense : *« Il doit être environ 7 heures. »* Et, dans son for intérieur, il se dit :

« Ah ! Nous sommes mardi. Jour de marché. Je vais certainement y rencontrer Etienne. Et puis aussi Jacqueline. Ah ! Jacqueline ! »

Il se voit en train de siroter un café avec elle, devisant de tout et de rien, en sa compagnie, comme à l'accoutumée, chaque fois qu'ils se rencontrent.

« Allons, debout ! » se dit-il. A peine levé, Pierre fait quelques étirements et quelques flexions des jambes, une pratique de plus de vingt-cinq ans. Il prépare ensuite son café et son petit déjeuner qu'il déguste bien à son aise : *« Ah ! Les confitures de ma nièce Françoise ! Quelle merveille ! »* C'est toujours sans hâte qu'il fait sa toilette, prenant un soin attentif au travail de rasage : *« Voilà, je suis net et bien frais. »*

Une vaporisation d'une légère eau de toilette, choisie avec soin, et Pierre scrute, par la fenêtre, la couleur du temps : *« Bah ! Une journée grise comme souvent sous nos latitudes »*, pense-t-il encore. *« Bon. Où sont mes clés ? Ah les voilà ! »* dit-il à voix presque haute. Il se dirige vers le garage, se met au volant de sa voiture, allume la radio. En reconnaissant un Brandebourgeois, il murmure encore : *« Une journée commencée avec Jean-Sébastien est une journée qui commence bien ! »*

Prenant la route qui le mène vers le centre de la ville, il se voit « coupé » au premier carrefour par un automobiliste « apparemment pressé », se dit-il en lui-même, poursuivant : *« Ah, il ne peut pas encore se payer le luxe de vivre à son propre rythme, comme moi, sans doute. »*

Pierre arrive chez le marchand de journaux : *« Bonjour, Monsieur Lucien »*, dit-il au commerçant, *« Comment allez-vous aujourd'hui ? »*

– Fort bien. Et même mieux que le temps !

– Qui n'est pas bien fameux aujourd'hui..., poursuit Pierre. *Je vois que votre petite nièce est encore en vacances chez vous ?*

– Oui, et elle me donne un sérieux coup de main... C'est pas comme tous ces jeunes feignants, celle-là ! Tiens vous avez entendu ce que le gouvernement nous prépare encore ?

– Non, je n'écoute pas les informations !

– Tiens ? C'est étonnant ! Un homme cultivé comme vous !

– Vous êtes bien aimable, Monsieur Lucien, c'est pourquoi je vous explique : voilà des années que j'ai constaté que ce qu'on appelle " les " informations ne sont en fait que les " mauvaises " informations et je préfère bien commencer la journée en écoutant plutôt de la musique, parce que j'ai observé que l'écoute des mauvaises informations avait une influence négative sur mon moral.

– Et ça ne vous dérange pas de n'être pas au courant des toutes dernières informations ?

– Non, Monsieur Lucien. Et vous connaissez mon point de vue là-dessus : on devient ce qu'on regarde : si on ne regarde que ce qui ne va pas dans le monde, on ajoute son propre malheur à celui du monde ! Sur ce, je vous quitte. Bonne journée, Monsieur Lucien !

– Bonne journée, Monsieur Pierre.

Pierre rentre chez lui, se prépare une infusion qu'il sirote allègrement en lisant son journal. *« Après quoi, j'irai au marché ! »*

Le réveil de Paul semble plus laborieux : *« Pffft ! Encore une à tirer ! »* Tels sont les premiers mots qui lui viennent à l'esprit.

Il se lève péniblement, comme s'il lui fallait porter la Terre entière sur les épaules. Un coup d'œil dans le miroir et il prend la première décision de la journée : « Bof ! Je ne verrai sans doute pas grand monde aujourd'hui, je me raserai demain. »

Il traîne ensuite ses pieds jusqu'à la cuisine où il se met à râler parce que sa vaisselle de trois jours lui fait culbuter sa cafetière : *« Bordel de merde de bordel de merde ! »* jure-t-il à voix assez haute.

Il jure encore quelques fois pendant son petit déjeuner. Et ceci d'autant plus qu'il a allumé sa radio, et écouté les informations : *« Bande de cons... Tous des incapables... Juste bons à lever des impôts nouveaux ! »* rouspète-t-il en se jurant de répéter ces sentences définitives à Monsieur Lucien, le marchand de journaux. *« Ah il a la belle vie celui-là ! Toute la journée, derrière son comptoir ! »* murmure-t-il encore.

En regardant le temps qu'il fait, il poursuit son monologue : *« Eeeh ! Merde ! Quel sale fichu temps ! Comme toujours dans ce fichu pays ! »*

Au carrefour de la Nationale, un automobiliste lui « coupe » une priorité : *« Espèce de con ! »* vocifère-t-il à l'adresse de l'autre automobiliste, tout en sachant que celui-ci ne peut l'entendre. Et il poursuit, après avoir repéré le « 75 » : *« Encore un de ces satanés Parisiens ! »*

hurle-t-il au volant en donnant un coup d'accélérateur furieux.

Arrivé chez le marchand de journaux, c'est ce dernier qui prend l'initiative du salut :

« Bonjour Monsieur Paul, comment ça va ?

– Aah, ne m'en parlez pas, vous avez vu le temps qu'il fait ?

– Oui, assez gris, n'est-ce pas ?

– Ouais, le temps habituel de ce pays de merde ! Et en plus, je me suis fait doubler par un couillon de Parisien, vous auriez dû voir ça ! »

Et Paul de raconter, avec force détails et gros mots comment *« cet espèce de touriste parigot »* lui a fait *« un tour de cochon »...*

Il jette encore un œil sur la première page de son journal, et quittant le magasin, lance encore à Lucien :

« Et vous avez vu ce qu'ils nous ont encore foutu, ces bons à rien... »

Voilà comment Pierre et Paul ont entamé leur journée.

Et comment croyez-vous que celles-ci vont se poursuivre ?

Paul retrouvera quelques « potes » au bistrot, avec lesquels il pourra continuer, des heures durant, à casser du sucre sur ces *« incapables du gouvernement, juste bons à presser les honnêtes citoyens. »*

Pierre ira au marché. Son regard en croisera des dizaines d'autres (*« C'est intéressant, les visages ! »*, comme il répète souvent : *« On peut y apprendre la moitié des choses de la vie ! »*) Il rencontrera Jacqueline, l'invitera – c'est un petit rituel entre eux – à prendre un café. Ensemble, ils discuteront de choses et d'autres, des expositions qu'ils ont visitées, de leurs chorales respectives et des pièces nouvelles de répertoire qu'ils y ont apprises. Amusant de les entendre fredonner les airs nouveaux qu'ils travaillent, plusieurs heures par semaine. Ils discuteront encore des films qu'ils ont vus, et de cet intéressant auteur qu'ils ont apprécié à « Bouillon de Culture ».

– *Comment s'appelle-t-il encore ?*

– *N'était-ce pas... Roger... Carle... ?*

– *C'est ça ! Poète et paysan ! Quel homme intéressant !*

– *Et agréable !* » poursuit Jacqueline.

A cinq heures de l'après-midi, Paul quitte son bistrot : « *Et qu'est-ce qu'il y a ce soir à la télé ?* » lance-t-il sur un ton moins qu'enjoué.

« *Don Camillo, sur la Deux !* »

« *Encore ? ! ! ? Qu'est-ce qu'ils ont déjà pu nous le foutre, ce vieux rossignol !* »

Après le déjeuner, Pierre fait son heure de marche à travers la campagne, comme chaque jour « *quel que soit le temps* », comme il le précise volontiers. De façon à être de retour chez lui vers 16 heures, heure à laquelle il a fixé rendez-vous chez lui à Maud, avec qui il aime aussi deviser.

Pierre invite son amie à dîner chez lui :

« *J'ai encore de l'excellent boudin que ma nièce me ramène de Belgique. Et un bon petit Côtes du Rhône dont tu me diras des nouvelles ! Et si tu veux, nous pourrions regarder ce bon vieux 'Don Camillo' à la télé ?* »

Glossaire

Comme la plupart des techniques dont l'évolution est rapide, la PNL souffre – à mon sens – d'une «fixation» trop rapide des termes de son vocabulaire.

De meilleures appellations sont trouvées, alors que des milliers de gens utilisent des termes déjà consacrés. (Exemple : «Carte de la Réalité», qui eût été meilleure que «Carte du Monde»).

*** CONCEPTS TRÈS IMPORTANTS EN PNL

(°) MOT DONT LA PNL FAIT UN USAGE DIFFÉRENT, PARTICULIER PAR RAPPORT AU SENS COMMUN.

N.B. L'ORIGINE AMÉRICAINE DE LA PNL A ENTRAÎNÉ L'USAGE DE CERTAINS DE SES TERMES DANS CETTE LANGUE.

Analogique : le langage *analogique* est celui du corps (gestes, attitudes, sons autres que paroles). Le langage analogique (ou non verbal) est davantage sujet à interprétation que le langage digital (voir ce mot).

Ancrage*** (°) : processus qui crée un lien (qui associe) entre un stimulus et un Etat de l'organisme. La pratique volontaire de l'ancrage permet de reproduire les sensations et sentiments qui ont été associés au premier ancrage.

Associé** (°) : état dans lequel une personne se trouve quand elle voit une expérience «en direct», à travers ses yeux et/ou ses oreilles et/ou ses propres sensations, émotions ou sentiments. Opposé à *dissocié* (voir ce mot).

Auditif*** (°) : l'un des systèmes de perception VAKO/G.

En PNL, on le code **Ai** pour signifier une opération mentale centrée sur l'écoute ou la parole intérieure.

On utilise assez souvent le code **Ai** pour indiquer un dialogue interne, dans lequel une personne «se dit des choses, parle à elle-même».

Ae pour Auditif externe (une personne écoute une (des) autres(s), des sons, des bruits, de la musique).

Branché Interne (Downtime) : une personne utilise ses capteurs sensoriels «centrés» vers son monde intérieur (sensations, souvenir, imagination).

Rappel : Georges Miller a établi que l'homme ne pouvait centrer son attention consciente que sur 7 ± 2 éléments d'informations internes ou externes à la fois.

Branché Externe (Uptime) : une personne utilise ses capteurs sensoriels vers les informations extérieures à sa personne.

Carte de la Réalité (Carte du Monde)*** (°) : ensemble des cartes mentales par lesquelles une personne se représente la réalité externe, ainsi que sa propre réalité.

En entrée, elle *organise* les réalités considérées.

En sortie, elle les *exprime*.

Conduite (°) : comportement par lequel une personne prend une initiative concernant une autre. Plus particulièrement, dans la relation thérapeutique en PNL, cela désigne la guidance par le praticien depuis l'état actuel vers l'état désiré.

Critères* (°) : éléments réfléchis pour apprécier, évaluer les comportements. Fort proche de la notion de *valeurs*.

Croyances** (°) : opinions ou convictions par lesquelles une personne donne sens à ce qui «se passe» (intérieurement et extérieurement).

Les croyances sont des constructions mentales qui reflètent l'avis d'une personne, d'un groupe, d'une époque.

Digital (°) : le langage digital est le langage des mots. Parce qu'il correspond à des conventions davantage codées que le langage analogique (voir ce mot), il porte – en principe – à moins d'interprétation.

Dissocié** (°) : état dans lequel une personne se trouve lorsqu'elle vit une expérience (actuelle ou non) en la percevant de l'extérieur, en utilisant ses systèmes de perception VAKO/G de l'intérieur. Opposé à l'état *«associé»* (voir ce mot).

Distorsion** (°) : un des trois processus universels de filtrage de l'information par nos systèmes de perception. Base de difficultés de communication avec nous-mêmes, les autres et l'environnement, elle peut aussi «servir» utilement dans le *recadrage*, la *modélisation* (voir ces mots) et la créativité.

Ecologie (°) : équilibre, harmonie qu'une personne entretient avec elle-même, avec les autres et l'environnement.

Elégance (°) : désigne une manière d'agir, d'atteindre l'excellence d'une façon particulièrement harmonieuse; attitude empreinte d'une esthétique élevée.

Eliciter : anglicisme répandu en PNL signifiant analyser (finement) les informations dont on dispose, face à un problème ou l'état physique et psychologique d'une personne.

Etat désiré*** (°) : voir *Index de computation.*

Etat interne** (°) : ensemble des sentiments et émotions vécus par une personne.

Etat présent** (°) : voir *Index de computation.*

Excellence** (°) : degré de perfection atteint par une personne ou un groupe, dans l'exercice de ses activités personnelles ou professionnelles, avec un rendement optimal entre le coût énergétique et le résultat acquis.

Filtres (°) : ensemble des processus opérationnels par lesquels «passent» les perceptions sensorielles, en vue de leur organisation complexe et unique.

C'est la présence de ces éléments qui confère à chaque individu son caractère unique.

Flexibilité** (°) : aptitude à passer facilement d'un type de stratégie à un autre, en fonction des exigences de la situation.

Aptitude à changer d'objectif, en fonction de ces mêmes exigences.

Fragmenter (to chunck) (°) : décomposer un problème en sous-éléments.

Généralisation** :

1. un des trois processus universels nécessaire à la construction de notre Carte du Monde, permettant de créer des classes, des catégories à partir d'un nombre peu élevé d'exemples;

2. limitation dans l'expression d'une réalité, due aux caractéristiques de ce processus.

Gustatif** : l'un des systèmes de perception VAKO/G. Il est codifié **G**.

Hypnose (°) : le concept d'hypnose, en PNL, se détache du sens courant et populaire du mot.

Selon Brandler et Grinder, une personne est considérée comme étant en état d'hypnose dès que son esprit accepte une suggestion à quitter l'ici et maintenant.

Hypnose éricksonnienne : voir modèle Milton.

Inconscient : le concept d'*inconscient* est l'un des nombreux concepts de la psychologie classique utilisés par la PNL.

Il désigne l'ensemble des éléments de connaissance ou de comportement qui échappent à la conscience d'une personne.

Index de computation (ou *Index de la conscience*) : nom donné à la grille qui indique les orientations de l'attention d'une personne : vers quel secteur de son expérience et avec quelle conscience de leur interdépendance.

En d'autres mots, l'index de computation dresse le diagnostic de l'état d'une personne au moment où on la rencontre.

Il comprend le **C E** ou **comportement externe** (ce que les autres peuvent observer); les **P I** ou **processus interne** (contenu et façon de percevoir et de penser) et l'**E I** ou **état interne** (sentiments et sensations). On parle aussi parfois de **C I** ou **comportement interne** pour désigner les PI et l'EI.

Cette grille permet de comprendre comment une personne s'y prend, consciemment et inconsciemment, pour atteindre ses buts, pour atteindre l'état désiré.

Le terme «computation» (inspiré de «computer») rappelle que nous sommes programmés – et donc reprogrammables. C'est pourquoi la comparaison entre l'index de computation de l'état présent et celui de l'état désiré est un outil de base[1].

Intervenant : dans cet ouvrage, toute personne qui utilise les outils de la PNL. Sont appelés intervenants **hors pair** les psychothérapeutes que les fondateurs de la PNL ont observés et qu'ils ont modélisés.

Kinesthésique*** (°) : l'un des systèmes de perception VAKO/G.

Il est codifié **Ke** pour désigner les perceptions produites par un élément externe à la personne (changement de température, heurt, coup, etc.).

Il est codifié **Ki** pour désigner les sensations internes «ressenties» par une personne.

Lecture de pensée (°) : interprétation des messages ou des intentions d'un interlocuteur, risquant souvent d'induire une erreur de compréhension, d'où sa présence dans le méta-modèle.

1. Extrait du *Guide du Praticien de PNL* : voir *Bibliographie*, p. 227.

Ligne du Temps (°) : forme de représentation subjective que l'on se fait du temps, en deux ou trois dimensions – variable selon les individus.

Méta-communication : analyse, commentaire sur une communication.

Méta-modèle*** : ensemble de grilles relatives aux violations des règles de communication verbale parfaite.

Métaphore : image ou récit qui permet de «traduire», d'une manière analogique, une situation ou une idée par une autre. Très aidant sur le plan de la résolution des problèmes psychologiques.

Méta-programme (°) : filtres de sélection qui résultent d'un choix élémentaire et prioritaire chez une personne.

Correspond aux *tris primaires* de la psychologie classique (attention première portée aux choses, aux personnes, aux lieux, aux problèmes, aux activités, aux informations, aux axes *soi/les autres, évitement/affrontement*).

L'intérêt relatif aux méta-programmes est partagé au sein des PNListes.

Micro-comportement : aspect physique détaillé du comportement qui échappe à la conscience de la plupart des gens, mais auquel les super-intervenants observés par les fondateurs de la PNL se montrent très attentifs, tels que mouvements oculaires, changements dans les rythmes et volumes sonores et respiratoires, dans la coloration de la peau, etc.

Modèle (°) : en PNL, le mot *modèle* se rapporte aussi bien à une représentation simplifiée d'un processus ou d'un système de compréhension ou d'action qu'au processus ou au système à partir duquel le modèle a été créé.

Les principaux modèles sont, en PNL :

- le méta-modèle (voir p. 114);
- le modèle des parties (voir p. 87);
- les modèles de changement ou d'intervention (voir p. 125);
- le modèle Tote (voir p. 55);
- le modèle du monde (ou Carte du Monde), voir p. 38).

Modèle Milton : Milton Erickson est la figure la plus emblématique des intervenants exceptionnels auxquels les fondateurs de la PNL se sont intéressés. Le modèle Milton propose des structures de communication hypnotiques, facilitant l'exploration de sa réalité subjective par une personne donnée.

Modélisation (°) : action de décoder et de créer des modèles.

Mouvements oculaires : type de micro-comportements auxquels les super-intervenants observés par Bandler et Grinder se montrent attentifs.

Objectif (°) : but, désir, projet auquel aspire une personne. En PNL, on l'appelle l'état désiré qu'une personne ou un groupe souhaite atteindre, par rapport à l'état actuel dans lequel elle (il) se trouve.

La PNL a sérieusement enrichi la notion d'objectif en en formulant les règles de faisabilité.

Pour qu'un objectif soit réellement mobilisateur pour l'esprit, il faut qu'il soit

• **formulé positivement** (absence de formulation négative ou comparative);

• **contextualisé** (formulé en termes sensoriels précis, et dépendant des pouvoirs de l'initiateur);

• **vérifiable** (et harmonieux, écologique pour la personne et son entourage).

Opérateurs modaux : formulation d'obligation limitante.

Partie (°) : élément de la personnalité, considéré comme responsable d'une manière de penser, d'agir, d'expérimenter, d'apprendre.

Prédicats (°) : mots basés sur l'un ou plusieurs des cinq sens. Exemples : *clair, limpide, point de vue, imaginer* sont des prédicats visuels.

Processus interne (°) : processus de pensée qui organisent nos représentations internes en stratégies.

Programmation neuro-linguistique (PNL) : technologie psychologique de la modélisation (décodage et reproduction) des processus nous permettant d'atteindre nos objectifs, mise au point au début des années 1970 par deux chercheurs : Richard Bandler et John Grinder.

«La PNL est à la fois un processus et un modèle de processus. La PNL est un modèle de la structure de notre expérience subjective.» (Robert Dilts, *Roots of PNL*, 1976).

Rapport (°) : établir un rapport, c'est créer les conditions d'une relation de confiance, d'harmonie et de compréhension mutuelle avec un interlocuteur. Dans ce sens, le rapport s'établit par la *synchronisation* du langage verbal (appariement des mots, des prédicats, synchronisation des éléments vocaux) et non verbal (synchronisation des gestes, des attitudes).

Recadrage** (°) : *«Le recadrage est une opération consistant à changer la réponse interne d'une personne* *devant un comportement ou une situation en modifiant le sens qu'elle lui accorde»* (Alain Cayrol, Josiane de Saint Paul, *Derrière la Magie*, Interéditions).

Ressources*** (°) : ensemble des moyens internes et externes dont dispose un individu pour faire face aux situations de l'existence.

Moyens internes : intelligence, expériences, capacités, états et processus.

Moyens externes : les autres (à qui beaucoup peut être demandé), moyens matériels (l'Univers).

Le point de vue de la PNL sur les ressources est assez inédit : les humains possèdent toutes les ressources dont ils ont besoin, mais il leur arrive assez souvent de ne pas en connaître l'existence, ni surtout l'accès.

Sélection** (°) : l'un des trois processus universels de construction de notre Carte du Monde. Consiste à omettre de prendre en considération des éléments de la réalité (souvent, inconsciemment).

Sub-modalité** (°) : partie (ou composante) d'une modalité VAKO/G.

Dans les techniques d'intervention PNL, la transformation des sub-modalités s'avère d'une grande efficacité.

Stratégie*** (°) : séquence d'une opération mentale mise en œuvre dans la construction de nos processus de réflexion ou d'action.

Nos stratégies reposent sur l'agencement successif de nos modalités VAKO/G. Il n'y a pas de bonnes ni de mauvaises stratégies dans l'absolu. Il y a des stratégies adéquates (ou pertinentes) selon leur efficacité à satisfaire nos besoins.

Structures profonde et de surface : concepts issus de la Grammaire Transformationnelle, de Chomsky, représentant successivement la représentation linguistique complète qu'une personne fait de son expérience et l'énoncé qu'elle en donne.

Le méta-modèle vise à découvrir la structure profonde d'un message. (Ces notions se distinguent de «Conscient» et «Inconscient», même si elles se recouvrent assez souvent.)

Suppression** (°) : un des trois processus universels à l'œuvre dans la construction de notre Carte du Monde. Consiste à éliminer certains éléments dans notre perception des faits et des expériences.

La suppression est également le nom donné à l'élimination de certains éléments dans notre expression verbale.

Synchonisation*** (°) : ajustement de son comportement non-verbal (synchronisation proprement dite) et verbal (appariement) à celui de son interlocuteur. On dénomme habituellement par le même mot *(synchronisation)* les deux aspects décrits.

Thérapie : processus de changement volontaire et organisé, en vue de permettre à un sujet d'atteindre ses objectifs, à mieux vivre en harmonie avec lui-même et son entourage, avec l'aide d'un professionnel de la relation d'aide (en PNL : praticien). Ce travail est rémunéré.

Modèle TOTE : concept de fonctionnement des opérations mentales développées par G. Miller, E. Gallantier et K. Pribam, dans *Plans & Structures of the Behaviour* (littéralement : *Plans et structures du comportement*), en 1960 et base conceptuelle de référence à la notion de *stratégie* en PNL.

Traduction (°) : procédé consistant à transposer la description faite d'un registre VAKO/G dans un autre.

VAKO/G*** (ou Quadruplé VAKO/G) : ensemble des registres sensoriels (visuel, auditif, kinesthésique, olfactif/gustatif) par lesquels «transite» toute notre relation à nous-mêmes, aux autres et au monde.

Valeurs** (°) : synonyme de *critère* en PNL. Nos valeurs sont les choix que nous avons faits, que nous continuons à faire, pour considérer ce qui est important ou ce qui ne l'est pas. Nous les énonçons sous la forme de mots-étiquettes qui nous sont propres : les nominalisations.

Verbe non spécifique : forme linguistique d'imprécision.

Visuel*** (°) : un des systèmes de perception VAKO/G. En PNL, on codifie **Ve** (visuel externe) l'opération mentale qui consiste à regarder ce qui se passe «ici et maintenant», **Vr** (visuel remémoré) l'opération mentale qui consiste à se souvenir de scènes ou d'images, recherchées dans notre mémoire, **Vc** (visuel construit) l'opération qui consiste à «imaginer» une scène ou une image, dans le futur.

Codage des stratégies

Pour édifier une pratique de maîtrise – de gestion – de nos propres stratégies, la PNL utilise un code, utile à l'explication, au décodage et à la «reconstruction» de certaines de nos stratégies.

• **Pour les «images» perçues, Ve** (pour visuel externe, puisqu'il s'agit d'images extérieures qui ne proviennent pas d'un souvenir remémoré).

> ➪ Ce peut être le paysage, un objet ou une personne que nous voyons ici et maintenant.

• **Pour les «sons» ou paroles perçues, Ae** (pour auditif externe).

> ➪ Ce peut être du bruit, de la musique, ou des paroles prononcées ou entendues ici et maintenant.

• **Pour les «sensations» physiques, Ke** (pour kinesthésique externe).

Ce sont des sensations produites par des stimulations externes, des gestes, des touchers, ici et maintenant.

➩ Ce sont les sensations que produisent mille choses sur notre corps : soleil, pluie, vent, froid ou présence.

• **Pour les «images» remémorées, Vr** (pour visuel remémoré).

➩ Ce sont les images de scènes du passé, dont on se souvient ici et maintenant (des paysages, des scènes, des personnes que l'on revoit).

• **Pour les sons remémorés, Ar** (pour auditif remémoré).

➩ Ce sont les bruits, les musiques ou les paroles dont on se souvient ici et maintenant.

• **Pour les sensations remémorées, Kr** (pour kinesthésique remémoré).

➩ Ce sont les souvenirs de sensations agréables ou désagréables dont on se souvient ici et maintenant.

• **Pour les choses que l'on imagine visuellement –** et que l'on n'a donc pas encore vues, on emploie **Vc** (pour visuel construit).

➩ L'image d'une réception à laquelle j'assisterai demain.

• **Pour les sons, les paroles qu'on imagine, Ac.**

➩ Les conversations auxquelles j'imagine participer.

Attention!

• On distingue encore **les dialogues internes Ai** (signifiant auditif interne, c'est-à-dire ces choses que l'on se dit soi-même), parfois codés **A di**.

> ➪ «Je me demande si Jacqueline y sera.»

• Et **les sensations de bien-être ou de déplaisir,** vécues dans l'instant présent **Ki** (pour kinesthésique interne), distinctes de **Ke**.

> ➪ C'est-à-dire les sensations internes ressenties ici et maintenant : bouffées de chaleur, tensions dans le dos, dans la gorge, ou dans toute autre partie du corps, rires, pleurs, angoisses, colère ou sensation physique de bien-être, de joie...

• **Les signes + et –** sont souvent ajoutés pour définir le caractère vécu comme positif ou négatif par la personne concernée.

• **Le signe** ➪ indique le passage d'une séquence à une autre.

• **Les signes e et i** sont parfois rajoutés pour souligner le caractère externe ou interne d'une séquence visuelle ou auditive.

TYPES DE SÉQUENCES POUVANT INTERVENIR DANS UNE STRATÉGIE

Système sensoriel	**Code concernant ce qui est :**		
	vécu ici et maintenant	**remémoré** (souvenir)	**imaginé (dans le futur)**
Visuel (images, choses vues)	**V**	**Vr**	**Vc**
Auditif (sons, paroles)	**A** **Ai** (pour dialogue interne, se parler à soi-même)	**Ar**	**Ac**
Kinesthésiques (toucher, gestes, sensations physiques)	**Ke** (pour kinesthésique externe, gestes, perceptions venant de l'extérieur) **Ki** (pour sensations internes)	**Kr**	

Voici ce que donne cette codification appliquée à la stratégie «Aller au cinéma» de Didier :

Situation de départ

Didier est assis dans son fauteuil.

Déclencheur

D. pense, en se disant à lui-même :
«J'ai envie d'aller au cinéma» .... **Ai**

Opération n° 1

Il ajoute, toujours en se parlant à lui-même :
«Pour cela, il faut que je consulte
les programmes de cinéma dans le journal» .... **Ai**

Opération n° 2

Il cherche (en consultant
les «images-souvenirs» récentes) à .... **Vr**
quel endroit il a laissé le journal.
Cette «recherche» se termine quand
D. retrouve dans sa mémoire l'image
du journal déposé sur la table de la cuisine.

Opération n° 3

Il se lève, va dans la cuisine et
ramène le journal au salon .... **Ke**

Opération n° 4

Il parcourt la liste des cinémas de la ville. .... **Ve**

Opération n° 5

Pour chaque film dont le titre le «touche», ... **Ki**
soit il «imagine» le genre de film que ce peut être, ... **Vc**
soit il recherche dans sa mémoire
des informations sur le réalisateur .... **Vr** ou **Ar**

Opération n° 6, suivie de l'Exit

Il «consulte» un «centre de sensations» .... **Ki**
à l'intérieur de lui-même,
pour choisir ce qui lui plaît
le plus et *décide* d'aller voir *Le Hussard sur le toit.*

Opérations suivantes

(qui ne sont pas détaillées dans cette explication)
Il prend son inperméable,
les clés de sa voiture,
monte dans sa voiture, ... **Ke**
réfléchit au chemin à prendre, ... **Vr** ou **Ar**
arrive au cinéma, prend un billet,
entre dans la salle, s'installe, ... **Ke**
et apprécie (ou non) les yeux de
Juliette Binoche .... **VE/Ki+** (ou **Ki–**)

Bibliographie

- *Guide du Praticien en PNL*, Louis Fèvre et Gustavo Soto, Chronique Sociale, pour qui veut apprendre et utiliser la PNL.

- *Dico PNL*, Bernard Hevin, Jane Turner, Les Editions d'Organisation.

- *La PNL en perspective,* Monique Esser, Labor, pour intellectuels exigeants. L'auteur est Docteur en Sciences pédagogiques et Professeur à l'Université de Louvain.

- *La communication efficace par la PNL*, René de Lassus, Marabout, 3510 : entraînements progressifs à l'utilisation des techniques d'influence de la PNL.

- *Les lettres de Benoît*, Alison Bernard, Epi-Desclée De Brouwer : parler d'AT et de PNL avec les mots d'enfant, un pari réussi!

- *Fabriquez vous-même votre malheur,* Paul Watzlawicz, Seuil.

- *Le manuel de la PNL spirituelle,* Walter Lübeck, Librairie de Médicis, Orsay.

- *Atteindre son but,* Cora Besser-Siegmund & Harry Siegmund, Pocket.

- *L'Esprit de la Magie*, Josiane de Saint Paul, Sylvie Tennenbaum, Interéditions.

- *Un cerveau pour changer,* Richard Bandler, Interéditions.

- *Neuro-Linguistic Programming – The study of the subjective experience*, R. Bandler, J. Delozier, R. Dilts, J. Grinder, Meta-Publications.

- *The structure of magic I & II,* R. Bandler, J. Grinder, Science and Behaviour Books.

- *Trance-Formation*, R. Bandler, J. Grinder, Real People Press.

- *Reframing*, R. Bandler, J. Grinder, Real People Press.

- *Vers une écologie de l'esprit,* G. Bateson, Le Seuil.

- *Comprendre la PNL,* Catherine Cudicio, Editions d'Organisation.

- *Maîtriser la PNL*, Catherine Cudicio, Editions d'Organisation.

- *Derrière la Magie,* Alain Cayrol, Josiane de Saint Paul, Interéditions.

- *Influencer avec intégrité*, G. Laborde, Interéditions.
- *Les outils de la PNL à l'école*, J.-L. Canal, P. Pascal, J.-F. Thirion, Editions d'Organisation.
- *Apprendre à apprendre avec la PNL*, A. Thierry, Y. Lellouche, De Boeck.
- *Des histoires pour apprendre – utilisation pédagogique de la métaphore*, Marianne Gassel, Editions Savoir pour Etre.
- *Stratégies de communication*, E. Finn, Editions de Mortagne.
- *Croyances et santé*, R. Dilts, T. Hallbom, S. Smith, La Méridienne.
- *La Programmation Neuro-Linguistique à l'école*, R. Lépineux, N. Soleilhac, A. Zérah, Nathan.
- *Utiliser tout son cerveau*, D. Chalvin, ESF.
- *Choisir sa vie*, Josiane de Saint Paul, Interéditions.
- *La stratégie de la Programmation Neuro-Linguistique dans l'entreprise et ses tactiques*, Patrick Sarry, Retz.
- *La Sémantique Générale aujourd'hui*, M. Sautet, Le Courrier du Livre.
- *La PNL appliquée à la négociation*, Chantal Selva, Esf.
- *Mieux vendre avec la PNL, des stratégies pour convaincre*, Catherine Cudicio, Editions d'Organisation.

- *Agir en leader avec la PNL,* P. Lougin, Dunod.
- *Mieux communiquer pour mieux réussir*, D. Boucher, C. Doyon, Presses du Management.

Adresses utiles

France :

Association NLPNL
8, rue du Faubourg-Poissonnière, 75010 Paris

IFPNL
21, rue Sébastien Mercier, 75015 Paris

CA PNL
9, rue de la Pompe, 75806 Cergy Pontoise Cedex

Dojo
2, square Vermenouze, 75005 Paris

Patrick Sary
1, rue de Lyon, 75012 Paris

CFRII
5, rue M. Desvallières, 77240 Seine-Port

Repères
78, av. du Gl Bizot, 75012 Paris

Association Médiance
8, rue des Paludiers, 56450 Le Hezo

Artec
12, rue Castillon, 34000 Montpellier

Evidence
64, rue Thiers, 84000 Avignon

Catherine Cudicio Consultants
Rennes

EPNL Rhône Alpes
Cabinet Pyronnet – BP 2541-38035 Grenoble Cedex 02

Acanthe formation
12, place Jean Bureau – 77100 Meaux

CDRFP
16, rue Campagne – 84000 Avignon

Midi-Pyrénées PNL
4, rue Perbosch – 31000 Toulouse

Belgique :

CFIP
Avenue Gribaumont, 153 – 1200 Bruxelles

Ressources
Grand Chemin, 54 – 1380 Lasne

Suisse :

NLP World
Les 3 Chasseurs – CH-1413 Orzens

Canada :

Association Québecoise de PNL
C.P. 894, succursale C – H 2 L 4 L 6

Table des matières

PARTIE 2

PARTIE 3

PARTIE 4

Au catalogue Marabout

Psychologie

Santé - Forme - Sexualité

Guide de médecine familiale:
- Allergies et rhume des foins
Pr R. J. Davies.............................HC
- Asthme
Pr J. Ayres ....HC
- Diabète
Dr R. Bilous..............................HC
- Mal de dos
Pr M. Jayson..............................HC
- Migraines et maux de tête
Dr M. Wilkinson, Dr A.MacGregor ....HC
- Ostéoporose
Dr J. Compston............................HC
- Problèmes intestinaux
Dr K. Heaton ....HC
- Problèmes de thyroïde
Dr A. Toft ....HC
- Stress
Pr G. Wilkinson ....HC
- Troubles de la mémoire
Pr C.N. Martyn, Dr C.R. Gale...............HC
Guide des alicaments (Le)
S Yeager..................................HC
Guide des mamans débutantes
A. Bacus..................................HC
Guide des symptômes
Dr M. Apple, R. MacGregor, J. Payne.........HC
Guide 2001 de la Lune
P. Ferris.................................2832
Guide du Feng Shui (Le)
R. Saint-Arnauld 2817
Guide médical de votre enfant
Dr H. Keudel ....HC
Guide du poids
Dr D. Elia ....HC

3563

IMPRIMÉ EN FRANCE PAR BRODARD ET TAUPIN
12451 - La Flèche (Sarthe), le 09-04-2002.

pour le compte des
Nouvelles Éditions Marabout
D.L. N° 12117/04/2002
ISBN : 2-501-02474-5